鑑識係の祈り

大阪府警「変死体」事件簿

元大阪府警察 警部
村上和郎

若葉文庫

鑑識係の祈り

大阪府警「変死体」事件簿

目次

登場人物の肩書や年齢は、事件発生当時のものです。

序章

命の証

ひとりぼっちで、さびしかったやろう。

でも、ようがんばった。

このあと、お父ちゃん、お母ちゃんに会えるからな。

もうちょっとの辛抱やで。


解剖台に横たわる女児から、返事はなかった。

それでも、かまわない。

私は心の中で、話しかけ続ける――。


子どもの仏《ほとけ》さん（遺体）の解剖前は、いつもそうしてきた。

この子は二度と泣き声をあげることができない。せめてこのときだけでも、ひとりじゃないことを伝えたかった。

ゴム手袋をした右手で、女児の額にかかっていた前髪をそっとずらす。女児は半開きの目をしていた。子どもらしい透き通るような白目には、絞殺特有の現象である「溢血点《いっけつてん》」（点状の内出血）が無数に見られた。それは家族との突然の別れを哀しむ、赤い涙のようだった。幼いこの子が最期に感じたであろう不安な気持ちを想うと、私は胸が張り裂けそうになる――。

約38年の警察官人生で4000体近くの変死体と向き合ってきたが、何度経験しても子どもの仏さんに慣れることはできなかった。私は事件を捜査する所轄警察署の鑑識係だが、その前にひとりの人間だ。子を持つ親として、どうしても感傷的になってしまう瞬間がある。この世に殺されてもかまわない命は、ただのひとつもないはずだ。

解剖室の天井から吊り下げられた照明が、女児の全身を照らしている。定刻通り、司法解剖（刑事事件の証拠保全のために行われる解剖）がはじまった。女児の体内から小さな臓器が取り出されていく。私は捜査用の記録写真を無言で撮り続けた。

解剖のあとは指紋や掌紋、DNA資料の採取に取りかかる。それが終われば、いよいよ女児を遺族へ引き渡すことになる。

私は最後の仕事として、備え付けのシャンプーと石けんで、女児の頭髪や身体をていねいに洗い清めた。なるべくきれいな姿で、遺族のもとへもどしてあげたい。私にできるせめてもの供養だった。

さあ、おうちに帰ろう――。遺族が用意した子ども服に着替えた女児を、銀色の極楽袋（遺体収容袋）にゆっくりとおさめる。そして、袋の中央を走るジッパーを閉める直前、私は女児の顔をもう一度見つめた。その姿を脳裏に焼き付けるために。

この子は、たしかに生きていた。

理不尽に奪われた女児の「命の証」は、必ず現場に残されている。それを見つけ出すことが、私たち鑑識係の使命だ。

犯行の痕跡を探すことは、すなわち、被害者の「命の証」を探すことでもある。

ふと、苦い記憶がよみがえる。けっして忘れることができない、鑑識係になったばかりのころに出くわした、あの事件のことを――。

事件1　浴槽で発見された小5女児

西の空で太陽が沈みかけていた。

平成2（1990）年10月中旬、愛車のトヨタ・カムリで阪神高速を走行していた私は夕日が目に染みてサンバイザーを下した。

前年11月、被害届などの相談応対を主な業務とする刑事課司法事務係（見習い刑事）から、大阪北部にある所轄の刑事課鑑識係に転属して1年が経とうとしていた。その日はひさしぶりの休日で、昼ごろに用事を済ませた私は家路を急いでいるところだった。

突然、車内に短調な電子音が鳴り響く。音の正体は捜査員に貸与されているポケットベル（小型無線受信端末）の着信音。助手席に放り投げてあったショルダーバッグからポケベルをつまみあげ、小さな液晶画面をちらっとのぞくと「49」（至急の意味）の数字が表示されていた。

事件発生の呼び出しサイン——。

短い息をはきながら、ポケベルのストップボタンを押す。電子音が止んだ車内にはお気に入りのヒットソングが流れていたが、休みの気分が吹き飛んでしまった私は、カーステレオの電源も切った。

事件と鑑識係に休日はない。いつ、なんどきでも、召集がかかれば署に駆けつける。鑑識作業は時間との闘いだ。事件現場は刻一刻と変容するため、発生直後の現場にいち早く臨場することが求められる。

私は次のインターチェンジで高速道路を下りると、すぐにUターンした。

不自然な状況

署の駐車場にクルマを乗り入れたころには、すっかり日が落ちていた。私は自前の作業服に着替えると、鑑識資器材が収納されている鞄とウエストポーチを素早く点検する。指紋や足跡の採取に使用する各種の刷毛《はけ》類や検出粉末、ゼラチン紙などの転写材料。DNA採取キットや関係者用の指掌紋《しょうもん》用紙、番号札、手袋、足カバー。押捺や測定、撮影のための資器材など、鑑識係の装備は多岐にわたる。

現場は署から3キロメートルほど離れた高級住宅街の一角にある、一戸建てだった。

先に到着していた大阪府警察本部（府警本部）の刑事部鑑識課・機動鑑識班（重大事件や所轄からの要請で出動）と合流して、私は鑑識活動をはじめた。

事件現場における主な鑑識活動は、〈①記録写真の撮影、②指掌紋・足跡の採取、③DNAの採取〉に大別できる。どれも重要だが、③は鑑定技術の進化にともない、被疑者特定にますます威力を発揮するようになっている。採取方法には細心の注意を払い〝人為的なミス〟がないようにしなければならない。

　刑事裁判で被疑者側から疑義がはさまれないようにするためには、事件現場に散らばる資料を徹底的に採取し、「マル被（被疑者）を必ず割り出す」という強い執念と根気、技術、発想の転換（被疑者の行動予測など）が必要だ。

　現場では鑑識活動と並行して府警本部・捜査第一課員による「実況見分」（現場検証）も行われていた。事件は夕方に発生している。この日は日曜日だったが、家にいたのは留守番をしていた小学5年生の女児（11歳）のみで、両親はそれぞれ出かけていたという。

　母親（48歳）が外出先から帰宅したのが、午後5時20分ごろ。自宅の前に着いたとき、玄関先の階段をあわてて駆け下りてきた見知らぬ「ジーンズ姿の若い男」が、そのまま住宅街の中を走り去っていく姿を見かけた。

　ただならぬ男の様子に、母親の中で不安が芽生える。ためしに玄関のドアに手をかけてみると、施錠したはずのドアが開いていた。不安の芽がさらに大きくなった母親は、家の中に飛び込んだ。すると2階へ続く階段の上り口に、洗濯物のハンガーが転がっていた。これは2階に干してあったものだ。母親が階段を駆け上がり女児の部屋をたしかめると、留守番をしているはずの女児の姿がどこにも見当たらない。しかも10月なかばの肌寒い夕暮れどきにもかかわらず、部屋の窓が開けっぱなしになっている。

明らかに不自然な状況——。母親は女児の名前を呼びながら、家中を隅から隅まで探しまわる。そして、浴室の明りがついていることに気がついた。急いで浴室の扉を開けてみたが、そこにも女児の姿はない。念のため、浴槽のふたを外しておそるおそる中をのぞいてみると、そこには信じられない光景が広がっていた。

服を着たままの女児が、湯を張った浴槽に沈んでいたのだ……。

母親が浴槽の中からあわてて女児をすくい上げる。名前を呼んでも、身体を揺らしても女児の反応は見られない。意識不明の状態で、ぐったりとしたままだった。その後、搬送された救命救急センターで人工呼吸器を装着された女児は、ＩＣＵ（集中治療室）で生死をさまよっている。

事件発生から、約2時間後。臨場した私に指示された持ち場は、女児が発見された浴室だった。作業前、私はゴム手袋をした右手の指先を浴槽に浸してみた。浴槽の6分目ほどにためられていた湯はすっかり冷めており、水面には少量の嘔吐物《としゃぶつ》（未消化の食物繊維）が浮遊していた。これは首を絞められた女児が、苦しさのあまりはいたものだろう。女児が小さな手足をばたつかせながら、必死に抵抗している場面が目に浮かんでしまい、胸の奥底がずきずきと痛んだ。私は女児の苦しむ姿を頭から振り払うかのように、浴室に残された指掌紋の検出作業に没頭した。

作業工程は、ダスターバケにアルミニウムなどの粉末を付着させ、静かに検体物をなでながら指掌紋を検索するのが基本動作となる。指紋に付着している水分や脂肪、塩分、アミノ酸などが粉末に反応すると、指紋の湾曲した隆線（凹凸《おうとつ》）が浮かびあがってくる。それが見つかれば、微量の粉末を付着させた細筆を使って仕上げ作業をする。指紋の隆線の方向に沿うように軽くなでながら指紋をより鮮明にしたら、アセテート紙（転写紙）に転写させていく。指掌紋の鑑識作業は、ひたすらこれのくり返しだ。

このときは浴室以外にも、開けっぱなしになっていた2階の窓を重点的に採取したが、残念ながら対照可能な指紋、足跡を発見することはできなかった。

非常識なお願い

「凶器を特定できれば捜査が進展します。犯人の逮捕が遅れたら、また同じような犯行をくり返す可能性もありますので、どうか撮影を許可してください」

署に設置された捜査本部の指示で、女児が収容された救命救急センターに張り付いていた私は、渋る医師や看護師に何度も頭を下げていた。

この時点で、女児は首を絞められた可能性が高かったが、現場から犯行に使われた凶器は発見されていなかった。首絞めには、道具を使わずに手掌や腕などで頸部を圧迫する「扼殺《やくさつ》」と、ひもや電気コードなどの索状物《さくじょう》を使って頸部を絞める「絞殺《こうさつ》」がある。私が同センターを来訪した目的は、女児の頸部に残された痕跡を撮影するためだった。痕跡の写真は、犯行の手口を特定するための重要な手がかりとなる。

当初、撮影の申し入れは拒否された。人命尊重を最優先に考える医師としては当然の判断だろう。ＩＣＵに隔離された女児は、いままさに死線をさまよっている。

いくら警察でも瀕死の女児にカメラを向けるのは非常識すぎる――。

そんな医療スタッフの冷たい視線が全身に突き刺さる。それでも、ひたすら頭を下げ続ける。犯人はこの瞬間も逃走中だ。もはや一刻の猶予もなかった。

必死に説得をくり返していると、最後は医師が理解を示してくれた。短時間を条件にかろうじて撮影許可が下りたのだ。私は撮影機材の消毒を素早く済ませると、透明なビニールシートで囲まれた、せまい無菌室にそっと身を入れた。

ベッドに横たわる女児は、身動きひとつしていなかった。

小さな口には人工呼吸器が装着され、身体からは何本も管が出ている。私は小さく深呼吸をすると、ベッドの左右にまわりこんで女児の頸部をあらゆる角度から観察してみたが、すぐには痕跡が見つからなかった。迷いがさらなる焦りを生み出す。額に大粒の汗がにじんでくる。

遺体の場合、扼殺、絞殺を問わず首を絞められた痕跡（索溝《さっこう》）が、時間の経過とともにくっきりと出現してくる。だが生体の反応は、遺体ほどはっきりしない。女児の頸部にそれらしき跡を発見するまで、数分もかかってしまった。

女児の頸部に確認できたのは、約5センチメートルの幅がある、うっすらとした索状物の痕跡と「吉川線《よしかわせん》」だった。

吉川線とは、首を締められた被害者がひもや犯人の腕を解こうとして抵抗した際に、自分の首の皮膚に爪を立てることで生じる防御創のことだ。

36枚撮りのネガフィルムを装填した一眼レフカメラで、左右の側頸部や前頸部を角度を変えながら近接撮影していく。ベッドとビニールカーテンとの隙間がせまくて動きにくかった。さらに左手で頸部にスケールを当てながら、右手でシャッターを切るためどうしてもカメラがブレ気味になってしまう。そのうえ無菌装置が作動していたためか、レンズの曇りがひどく、手動式ズームレンズのピント合わせにも苦労するほどだった。

撮り終えたフィルムは、すぐに府警本部の鑑識課写真係に持ち込んだ。そこで現像・焼き付けをしてもらった写真を何枚か選び、署の捜査本部に持ち帰ったが、索状物の痕跡は肉眼で確認したほど鮮明には写り込んでおらず、凶器の特定にはいたらなかった。

司法解剖

「あの女の子が、亡くなったで」

突然の訃報——。鑑識係の執務室で捜査資料の整理をしていた私は、目の前が真っ白になった。

事件発生から約2カ月。何者かに首を絞められたあげく、浴槽に沈められた女児がこの世を去った。発見時の昏睡状態のまま、意識は一度ももどらなかったという。

ICUでレンズを向けた女児の姿が脳裏に浮かぶ。彼女は必死になって生きようとしていた。それなのに私は……。なにもできなかった無力感が、とめどなく押し寄せてきた。

水を打ったように静まりかえった署内には、捜査員の憤りと悔しさが充満していた。

この間、捜査本部の捜査員たちは自宅にもほとんど帰らず、懸命になって姿が見えない被疑者を追いかけ続けた。私は約1カ月を費やして府警本部・鑑識課検証班の補助者として、被害者宅にあったすべてのひも類を延べ5000枚ほど撮影したが、捜査に大きな進展はみられなかった。

鑑識係にとって、大阪府内にある大学の医学部（法医学教室）に鑑定委託をして行われる「司法解剖」の記録、補助も重要な任務となる。司法解剖とは、刑事事件の死因究明や証拠保全のため、鑑定処分許可状の発付を受けて法医学教室で実施される解剖のことだ。遺族の承諾は不要。解剖は大学側の業務になるが、警察は委託する側として解剖がスムーズに進むようにサポートをしている。

女児の死亡が確認されると、捜査本部はすぐさま司法解剖の手続きに入った。女児の解剖には私も雑用係として立ち会うことになり、解剖台のわきでスタンバイしていた。

解剖開始の宣告が済むと、メスをにぎる教授が、女児の首から下を正中線で開胸。体内から胸骨を切り取ると、続いて小さな心臓を取り出す。全体に赤茶色をした心臓の表面には、小さな血の塊が数カ所で見られる。肝臓や腎臓など、ほかの臓器にも同様の現象が認められた。これは「溢血点」もしくは「溢血班」といわれるもので、窒息死を判定するうえで重要なポイントになる。

溢血点は毛細血管の破綻によって生じる小出血で、大きさは針先から小豆《あずき》ぐらいまで。それよりも大きなものを溢血班という。両方ともまぶたや眼球結膜、口腔粘膜、心膜、肺胸膜などにも出現する。この現象は他殺に限らず、非定型的縊死《いし》（床にひざをついたり、寝転がったりした状態の首吊り死）でも見られるが、女児の頸部には他殺を裏付ける吉川線も認められた。

解剖中、雑用係の私は教授の指示に従いながら、遺体の向きを変えたり、解剖器具や臓器を入れるパレットなどの洗浄をくり返す。とくに、解剖用のタオルは交換頻度が高く、教授が解剖台の血液を拭き取ったり、内臓の一部が付着するたびに、熱湯できれいに洗い流してから教授に手渡すようにしていた。

司法解剖の結果、女児の死因は「窒息死」だった。

解剖が終了し、執刀担当の教授が縫合などの修復措置を済ませた遺体を、私は大学の研修医とともに洗い清める。そして最後に、遺体の指掌紋とＤＮＡ資料を採取し、指紋押捺インクで汚れた手をぬぐってきれいにすると、私はゴム手袋を外して静かに合掌した。

十字架

女児が死亡したことで、殺人未遂事件から殺人事件に切り替えて捜査は続けられた。事件の発生当初から、女児の母親が目撃した「ジーンズ姿の若い男」の行方を探していたが、男の唯一の手掛かりが似顔絵しかなく、捜査本部は男に結びつく有力な情報を得られなかった。

事件発生後に一部の新聞が、〈捜査本部は、無施錠の応接間のガラス戸が開けられた形跡がないことなどから、犯人は玄関ドアから侵入した、との見方を強めた〉と報じていたが、進入経路は依然として不明のままだった。女児の絞殺に使われた凶器も特定できずにいた。やがて捜査本部の人員が減っていき、月日だけが残酷なスピードで流れていく。

そして、平成17（2005）年10月、本件は公訴時効が成立。ついに私たちは、女児の「命の証」を探し出すことができなかった——。

時効成立にあたって、女児の遺族が現在の心境をつづった手記を公表した。その手記には次のような一節がある。

〈罪のない幼い娘の命を奪った犯人が、善良な市民の顔をしてどこかで暮らしていること

は許せません。いまからでも真実を語ってほしい〉

遺族の悲痛な言葉からは、行き場のない怒りと深い悲しみが感じられ、捜査に従事していたひとりとして、ただただ無念であった。

のちに刑事訴訟法が改正（平成22年4月）され、法定刑の最高が死刑に当たる罪については公訴時効が廃止されている。人を殺めた犯罪者が過ぎた時間の長さだけで罪を許されてしまう時代が、ようやく終焉を迎えた。

あの日の女児の姿は、けっして忘れることができない。

鑑識係に成り立てのころに経験したこの未解決事件をきっかけに、私は捜査員の重責を心に強く刻んだ。

それは、とても大きな十字架のようだった。

私はその十字架を背負いながら、所轄の鑑識係や刑事として被害者の「命の証」を探し続ける日々を歩みはじめた。

第1章
殺人

事件2　タクシー強盗殺人

私が大阪府警の警察官を拝命したのは、昭和54（1979）年7月。その翌年に警察学校での初任科教養を修了して、最初に配属されたのが、大阪東部を管轄する警察署の警ら課（現在の地域課）だった。

そこでの交番勤務員を振り出しに、約38年にわたって奉職した大阪府警では、約27年を捜査部門の刑事や鑑識係に籍を置いていたが、じつは刑事になりたくて警察官を志したわけではなかった。私は交番に勤務する制服姿の警察官に憧れていた。

そんな私が私服姿の刑事になったのは、警ら課から同署の直轄警ら隊に転属したことがきっかけだった。直轄警ら隊とは、現在では「直轄警察隊」と改称されて警察署長の直轄となっているが、当時は副署長の直轄部隊であった。

警ら隊の主な任務は、警備活動や本部長が指定した重要犯罪の検挙と抑止活動などだ。署長の指示で、副署長は署に捜査本部が設置された場合、捜査本部の応援部隊として警ら隊を運用することもできた。

私が警ら隊に配属された翌年の昭和59（1984）年1月、私の勤務する所轄署に捜査本部が設置される重大事件が発生した。

その日は、翌朝9時まで勤務する当直だった。警察用語で「公かい」と呼ばれる署の庁舎1階にある事務室（大部屋）で資料整理などをしていた午前3時ごろのことだ。壁に設置された無線機のスピーカーから、交番勤務員の「至急報」が流れた。

――至急、至急！　要救護者は左胸に刺し傷あり。意識混濁。着衣からタクシー運転手と思料される。至急、救急の手配を願いたい。どうぞ。

通行人から「男性が倒れている」との110番通報を受け、現場最寄りの交番から臨場した地域課員は路上に倒れているタクシー運転手の男性（35歳）を、当初は酒に酔って寝込んでいる泥酔者だと勘違いしていた。しかし、男性をよく観察すると顔面は蒼白で虫の息だった。胸には刺創があり、かなりの出血も認められる。このままでは生命が危ういと感じとった地域課員が、署に緊迫した声で状況報告をしてきた。

それから数分後、運転手が倒れていた現場から南へ数百メートルの路上で、被疑者が強奪したと思われるタクシー車両が発見された。タクシーは自動販売機に激突して車体を大きく破損しており、その場に乗り捨てられたようだ。車内を点検すると、運転席を中心に広範囲が血に染まっており、売上金を入れた現金袋が持ち去られていた。

タクシー会社からの回答で男性の人定が確認できると、本件を「強盗殺人未遂事件」に決定。すぐに緊急放送を知らせる呼び出しチャイムが未明の庁舎に鳴り響く。続いて、地域課基地局のアナウンスがスピーカーから流れ出す。

――発生署配備、発令！　マル被（被疑者）は逃走中！

「発生署配備」とは、事件発生地を所管する警察署のエリア内において実施される、緊急配備（略称・緊配《きんぱい》）のことだ。緊配には発生署から全体配備までの段階があり、このときは被疑者が逃走中のため、周辺の署も含めた広域の緊配も発令されている。

呼び出し係

緊配が発令されると署内で仮眠していた当直員は一斉に起こされ、当直副管理責任者の指示を仰ぐことになる。

署内が騒然とするなか、私は受話器をにぎりしめると、他課の当直員と手分けして署員名簿順に片っ端から電話をかけはじめた。当時は携帯電話やポケットベルがまだなく、当直員が連絡係となって署員の自宅に電話をかけて呼び出していた。

「タクシーの強殺《ごうさつ》未遂です！　課長命で帳場（本署捜査本部）に招集がかかりました！」

各署員に伝える内容は、これだけで十分だった。

出勤すれば事件の詳細はわかる。電話口ではいちいち詮索せずに、連絡を受けた署員は「了解。すぐ行く」とふたつ返事をするだけだ。まれに、同居する家族が電話に出ることもあるが、同様の伝言を残せばものの数分で折り返しの連絡がある。刑事は非番（休日）であっても連絡先を確保しておくことが義務付けられており、赤ちょうちんで一杯ひっかけていたとしても、呼び出しがあればタクシーに乗って駆けつける。そんなほろ酔い刑事たちは、署内の洗面所で何度も顔を洗い、会議までにはしゃきっとした姿にもどる。酔い覚ましは刑事の特技みたいなものだ。

連絡係として全署員の呼び出しを終えると、私はこれまでの概要をまとめた手書きの〝事件メモ〟の作成に取りかかる。完成したメモは青焼き複写機（当時は白黒ではなく青色）で大量にコピーすると、次々に出勤してくる先輩署員たちに手渡していく。

深夜の時間帯でありながら、署内の講堂には府警本部・捜査第一課員ら約50名が集結。各捜査員は険しい表情をしながら、会議がはじまるのを待っている。

そのころ、署の庁舎1階では騒ぎを聞きつけた報道陣が早くも詰めかけていた。当時、府警本部に常駐していた在阪メディアの記者クラブは、警察無線を傍受していたようで、事件発生をキャッチした記者が我先にと駆けつけてくる。

署内に侵入を試みる記者たちを出入り口付近でせき止めていると、現場からとんぼ返りしてきた捜査指揮車両が駐車場にすべり込んできた。現場は署から東へ約2キロメートルのところにある。最前線で陣頭指揮を取っていた刑事課長が帰還した理由はひとつ――。

事件に〝動き〟があったのだ。

捜査本部

救急搬送されていたタクシー運転手の男性が、病院到着後に死亡が確認された。その動きにともない、刑事課長はすぐさま本件を強盗殺人未遂事件から「強盗殺人事件」に切り替えると、府警本部に報告。府警のトップである本部長の指揮事件として、新たに捜査本部が設置されることになった。

私は刑事課長の指示で公かいの当直勤務を外れ、急遽、刑事課の手伝いにまわされた。

期せずして〝刑事見習い〟となってしまった私に与えられた任務は、「刑事調査官」（以下、現在の「検視官」に名称を統一）の補助業務であった。具体的にはガーゼや脱脂綿を大、中、小のサイズに切りそろえておき、検視官がピンセットで遺体の鼻腔や口腔、耳介などの内部出血、体液を調べる際にすぐに手渡したり、遺体の体勢を見やすいように動かすなど、「検視」をスムーズに進めるための役割をこなす。

検視官に任命されるのは、警部以上の階級で刑事として10年以上か殺人事件などの捜査に4年以上の経験があるベテランだ。警察大学校で法医学などの専門教育も受けている。

話はやや逸れるが、警察官の階級をご存知だろうか。上から順に警視総監、警視監、警視長、警視正、警視、警部、警部補、巡査部長、巡査となっている（警察法62条）。検視官に任命される警部クラスは現場指揮を統括する立場で、警察官全体（約27万人）のわずか6パーセントほどしかいない。

ちなみに、私は40歳になるまでずっと巡査長（ベテランの巡査に与えられる警察内部の階級）のままだった。自分の昇進には興味がなく、下っ端の立場で現場を駆けまわっていたが、40歳を目前にほとんどの上司が自分より年下になってしまい、このままではおたがいにやりづらいと思い、一念発起して昇進試験を積極的に受けるようになった。

変死体を調べる検視の実行者は、刑事訴訟法の229条により、〈変死者又は変死の疑のある死体がある時は、その所在地を管轄する地方検察庁又は区検察庁の検察官は、検視をしなければならない〉とされているが、全国に約2000人しかいない検察官がすべての変死を検視することはマンパワー的に不可能だ。そのため、実際の現場では同条2項の〈検察官は、検察事務官又は司法警察員に前項の処分をさせることができる〉により、司法警察員である検視官か警部補以上の警察官が検視を行っている（代行検視）。

そもそも、「検視」とは検視官らの五官作用で遺体を観察し、自他殺や事件性の有無、死因などを総合的に判断して署長に意見を具申する業務のことをいう。手順としては、遺体の身長、体重の測定後、遺体を全裸にして外傷や死斑《しはん》（遺体の皮膚に現れる紫赤色や紫青色などの斑点）、溢血点などの出現状況と部位の確認、死後硬直度や直腸温度の測定などを行なっている。検視は署内にある霊安室で実施されることが多い。

検視の結果、タクシー運転手の男性には心臓部分に深い刺創があったが、それ以外に目立った外傷はなかった。血の海だった運転席の状況から、複数の刺し傷や切り傷が想定されたが、男性は心臓のひと突きが致命傷になったようだ。

犯行は一瞬の出来事だったのだろう。男性の眉間には、深い皺が刻まれている。それは突然刺されたことに対する驚きと、犯人に対する激しい憤りが混ざり合ったような、複雑な表情をつくり出していた。

私は約38年の警察官人生で、約４０００体の遺体を取り扱い、そのうち約７００体の検視に携わってきたが、殺人事件の被害者は男性のような表情をしていることが多かったように思う。男性の遺体は、このあと法医学教室で司法解剖が行われた。

急展開

事件発生の翌日以降も直轄警ら隊長の下命により、捜査本部で刑事見習いを続けることになった。捜査第一課の先輩刑事（巡査部長）とペアを組み、聞き込みや車当《しゃあ》たり捜査を連日くり返した。車当たり捜査とは、現場周辺に駐車していた車両の所有者や使用者を割り出して、事件当日の目撃情報などがないか確認をする捜査のことだ。足を棒にして１台ずつ見に行くも、被疑者につながる有力な情報は得られず月日だけが流れ去る。

周辺の警察署に捜査協力を要請できる期限（１カ月）が過ぎると、応援で派遣されていた捜査員たちが所属する所轄署にもどされていく。

その後、捜査がさらに長期化すると、事件が発生した署の刑事課員と府警本部の捜査第一課員で運営されていた捜査本部も徐々に縮小される。それでも捜査本部に残った捜査員は、犯人検挙をあきらめることはない。休日を返上して連日連夜、地道な捜査を続ける。

とくに捜査第一課員に限っては、その日の捜査会議が終了しても帰宅せず、所轄の刑事には知られないよう秘密裏に集まり、独自捜査を進めていた。それは事件解決への執念か、捜査一課のプライドか――。いずれにしても、彼らの隠密行動を知ったとき、私は熱い刑事魂を感じて鳥肌が立った。

解決の糸口がつかめず捜査は暗礁に乗りあげていたが、事件発生から約3カ月が過ぎたある日曜日に、突然転機が訪れた。捜査本部に電話で提供された情報によって、事件が急展開を迎えることになったのだ。

この情報をもとに捜査本部が割り出した被疑者は、無職の少年たち3名（いずれも10代後半）だった。タクシー運転手に対する、強盗殺人の疑いで通常逮捕された少年たちの供述などによれば、事件当夜、運転手の男性が発見された場所から約6キロメートル離れた住宅街からタクシーに乗車。現場付近に着いたところで、助手席に乗っていた少年が隠し持っていた包丁でいきなり男性の左胸を突き刺し、車内にあった約９３００円の現金とタクシー車両を奪って逃げ去ったという。

事件から約10カ月後、強盗殺人罪などに問われた少年たちは大阪地方裁判所（以下、大阪地裁）で裁判長から「残忍、凶悪な犯行」と断罪され、男性を包丁で刺した主犯の少年A（18歳）に懲役12年、共犯の少年B（17歳）に同5年から8年、少年C（17歳）に同5年から7年の不定期刑が言い渡されている。

本件は金ほしさになんの落ち度もない男性を刺殺するという、あまりにも身勝手な犯行だったが、当時の少年法の科刑は甘く、男性とその遺族はもちろんのこと、事件の捜査に携わった捜査員も悔しい思いをしている。奪われた命の代償としては、刑期があまりにも短過ぎではないだろうか。

事件3　外国人妻による夫絞殺

「このあたりも、一応撮影しておいてくれ」

ある古びた団地の6畳洋室。変死体の検視をしていた検視官（警部）が、矢継ぎ早に指示を出す。

駆け出しの鑑識係だった私は、床に片ひざをついて姿勢を安定させると、仰向けに横たわる遺体に向かってカメラのストロボを数回発光させた。遺体の首筋に残る〝赤い線〟が、閃光を浴びるたびに、うっすらと浮かび上がる——。

検視官のとなりで熱心に補佐業務をしていた主任（巡査部長）が、〝赤い線〟について自身の意見を進言する。

「これは吉川線とちゃいますか。ほら、ここにそれらしきものが認められますわ」

主任が遺体の頸部を指差す。

それをのぞき込んだ検視官が、小さく首を振る。

「いや、これは違うな」

検視官は主任の指摘を否定すると、ひたすらマイペースに検視のチェック項目を事務的に埋めていく。その作業が一段落すると、今回の見立てを述べた。

「ほかに外傷もあらへんことやし、病死の疑いでええやろ」

どうやら、検視官は本件遺体について〝事件性なし〟と判断したらしい。

さっさと検視を済ませた検視官は、遺体から離れて所轄の刑事課強行犯係がいる台所へ移動する。事件の対応について協議をするつもりなのだろう。

検視官と強行犯係の捜査員が、台所の隅で立ち話をしている。もれ聞こえてくる会話の断片から、殺しか、病死か、両者の意見がわかれている様子だった。

洋室では険しい表情をした主任が、遺体の細部をじっくりと観察していた。私の視線に気づいた主任が、小さな声で話しかけてくる。

「これは、どう見ても殺しや。さっきよりも鮮明に吉川線が浮かんできとるやろ。早急に捜査本部の設置が必要や」

主任が言う通り、遺体の首筋に残る〝赤い線〟が、時間の経過とともにだんだんと濃くなってきている。遺体に近づき、様々な角度からペンライトを照らしてみると、喉のあたりには爪でかきむしったような、ほそい線状の痕跡もかすかにあるのがわかった。

主任が遺体の足先を見ながら、さらに解説する。

「仏さんのつま先が、ピーンと指をのばしとる。これも殺しの死体現象や。寝ているときに、いきなり首を絞められたんやろ。嫁はんらを早よう署に任同《にんどう》（任意同行の略）せな。いつまでも現場に残しといたらあかんで」

現場のルール

この変死体が発見されたのは、私が警察署刑事課の司法事務係から、鑑識係に転属した翌月の平成元（1989）年12月ごろだった。

当時の私はまだ31歳の若手（巡査）で、異動したばかりの鑑識係に慣れていないため、朝は定時よりもだいぶ早く出勤するようにしていた。資器材の補充や点検、事務作業など覚えるべき日課が山のようにあるからだ。

府警本部の鑑識課と違い、所轄の鑑識係は鑑識以外の業務も多い。留置施設で護送があれば戒護員となり、交通安全運動期間になれば制服に着替えて、事故の多い交差点で立番勤務に従事することもある。

朝のルーティンワークをこなしながら1時間ほどが経ったころ、地域課基地局から刑事課強行犯係に変死事件の知らせが入る。鑑識1名の出動要請も同時にかかった。

所轄の鑑識係は、いまでいう〝レアキャラ〟みたいなものだ。警察署の規模ごとに人数は異なるが、いずれにしても全体の1、2パーセントしかいない。じつに貴重な存在といえる（左記の「所轄警察署における鑑識係の人数」参照）。

・大規模な警察署（署員数300名以上）の鑑識係＝4〜6名
・中規模な警察署（署員数200名以上）の鑑識係＝2〜3名
・小規模な警察署（署員数200名未満）の鑑識係＝1〜2名

この人数は、あくまでも私が勤務していた当時の目安だが、鑑識係長と数名の部下という体制は現在も似たようなものだろう。

前述の出動要請を受けたとき、執務室には私を含めた3名の鑑識係が待機していた。新人で現場の経験が浅かった私は、変死の一報に足が地に着かない。それを見透かしたように、冷静な係長が「現場に行ってこい」と出動を命じる。私は緊張を隠すように大きな声で返事をすると、鑑識資器材などを詰め込んだふたつの大きな鞄を持ち上げ、部屋を飛び出していく。

現場は府営住宅の一室だった。間取りは3LDK。変死体で発見されたのは溶接会社に勤務する外国人の男性（36歳）で、男性は同郷の妻（31歳）と長男（6歳）、父親（66歳）、母親（62歳）の親子3世代・家族5人で暮らしていた。

男性はいつものように6畳の洋間に布団を敷き、妻のとなりで眠っていたが、その日の朝は起床時間の午前7時を過ぎても目を覚ます気配がない。そこで父親が、布団の中から出てこない息子（男性）を起こそうとしたところ、身体が冷たくなっていることに気づいて仰天。日本語をほとんど話すことができない父親は、知人を通じて110番通報をしたようだ。

男性の遺体は、布団の上に仰向けの状態で横たわっていた。上半身が白いメリヤスの半そでシャツ、下半身がトランクスの上に股引《ももひき》といういでたち。裸足のつま先はのびをした状態で硬直している。

私は〝現場が壊れる前〟に、遺体や現場の状況をできるだけ多く撮影するように心がけている。殺しの現場には捜査員が入れ替わり立ち替わりやってくるため、時間の経過とともに現場に残された指掌紋や足跡、DNAなどの資料がつぶれてしまうからだ。

所轄の地域課員が規制線を張って現場保存しているところへ、「俺が現場を指揮するんや」という我が物顔でずかずかと入ってきては、なにもせずにぱっと現場を見ていくだけのまるで野次馬のような捜査幹部もいる。

現場の捜査員は、略式帽子（出動服の帽子）に縫い付けられた白線（通称・うどん）の太さと本数で、階級がひと目でわかるようになっている（巡査・細線1本、巡査部長・細線2本、警部補・太線と細線が1本ずつ、警部・太線2本など）。

所轄の鑑識係である私には、本部内のしがらみは関係なく、現場の仕事は階級で左右されないものと考えていたので、現場を壊す「太いうどん」（捜査幹部）に対して、「ここから入るな！」と一喝してしまったこともある。もちろん、そのあとに直属の上司から口の聞き方を注意されたが、立場よりも現場を優先する考えには賛同してくれた。

死に顔

男性の顔をのぞくと、両目をかっと見開いたままであった。まさに苦悶に満ちた死に顔。その表情から、男性の最期が壮絶な瞬間であったことが伝わってくる。

そのままでは不憫なので、男性のまぶたを手で閉じようとしたが、死後硬直のため、なかなか閉じることができなかった。多少強引にまぶたを押し込めば目をつぶらせることはできるが、じわりじわりとまぶたが開いた状態にもどってしまう。季節や環境によっても異なるが、おおむね死後24時間を経過すると死後硬直が解けはじめ、48時間を経過すると全身が弛緩してまぶだも自然と閉じることが多い。このときは検視の終了後に「白い布」

を遺族に用意してもらい、それを男性の顔にかけておいた。

私たちの検視が終わりかけたころ、検視官が補佐をともない臨場してきた。あらためて遺体の検視が実施されたが、検視官は本件を「病死」か「事件性あり（司法解剖）」のどちらの方針でいくか、判断に迷っている様子だった。それがこの項の冒頭で触れた場面だが、結局、現場では判断ができず、所轄の刑事課長（警視）に臨場を要請している。検視官は事件性の判断という重責を、自分よりも階級が上の刑事課長や署長に転嫁したかったのだろう。ところが、臨場した刑事課長も変死事件を捜査した経験が少なく、すぐには判断がつかなかった。

変死体となった男性の母親は、事件の約8年前から日本に滞在。その母親を頼って男性は妻とともに約4年前に来日し、それから約2年後に父親と長男も呼び寄せていた。

刑事課長が判断に苦慮したのは、変死体が外国人なので判断ミスをすると国際問題に発展しかねないと考えていたからかもしれない。

最終的に刑事課長は、府警本部の捜査第一課に応援を要請。同課の捜査員はひと目で「殺し」と判断するや、すみやかに遺体の司法解剖と遺族に対する任意の事情聴取に取りかかる。まさに、前出した検視官の補佐（主任）が見立てた通りの展開になった。

妻の自供

男性の両親は日本語がほとんど話せないため、外国語のできる署員を通訳にして事情聴取が行われた。

事件当時、男性と同じ布団で寝ていた妻は、飲食店のウエイトレスとして働いており、カタコトながら日本語は話せる。彼女はときおり目に涙を浮かべてはいたものの、極めて冷静な態度で取り調べを受けていたという。

司法解剖の結果、男性の死因は首を絞められたことによる「窒息死」と判明。時間が経つにつれて遺体の頸部には絞殺の圧痕が顕著に現れ、顔面の皮膚にも溢血点が浮かび上がってきている。私たちが現場で検視した遺体の外表面とは、まるっきり変貌していた。

強行犯係の主任から取り調べを受けていた妻は、その日の夕方に夫の殺害を自供したため、殺人の容疑で通常逮捕されている。

妻の証言などによれば、妻は同日の午前0時ごろ、寝入った夫の首に自分のネッカチーフを巻きつけて絞め殺したという。犯行の動機については、事件翌日に一部のメディアが、〈容疑者（妻）は日本での定住を希望していたが同居の両親が自国に帰りたがっており、最近は夫婦仲が悪くなったらしい〉と報じている。この報道を鵜呑みにすれば、本件は妻の身勝手な犯行にも見えるが、実際のところは違ったようだ。事件の背景には夫の不倫と度重なる妻へのＤＶ（家庭内暴力）があり、妻にも同情すべきところがある。

事実、妻の減刑を嘆願する署名運動が起こり、裁判では殺人事件でありながら情状が酌量された温情判決がくだされている。

事件４　路上に放置された赤ん坊

やけに底冷えのする、真冬の未明だった。

私が勤務していた警察署から南へ約５００メートルの路上で、全裸の新生児（生まれたばかりの赤ん坊）が放置されていた。

発見者からの通報で現場に駆けつけた救急隊が、新生児を大阪市内の病院に搬送したときには、すでに心肺停止の状態であったが、幼い命を助けるために救命医らが懸命になって蘇生措置を施す。しかし、残念ながら新生児が息を吹き返すことはなかった――。

この日、私は当直で交換台勤務についていた。前日からの徹夜で来訪者の応対や内線、外線電話の取次ぎなどをしており、病院からの通報を受けたのは午前4時ごろ。その内容は、死亡を確認した新生児の検視を要請するものだった。

当日の刑事課当直員は、若手の私と主任（巡査部長）のふたりのみ。そのため、私は生活安全課の当直員に交換台を交代してもらい、主任とともに病院へ向かった。

鑑識資器材などを病院に持参した私たちは、作業を分担することにした。主任は新生児の死亡を確認した医師の事情聴取を担当し、私は遺体を見分するために女性看護師に病院内の霊安室まで案内してもらう。

静寂に包まれた霊安室。部屋の中央付近にすえられたベッドに、白い布に覆われた小さな遺体が横たわっていた。看護師が「こちらです」と言いながら布をめくりあげる。布の中から現れたのは、へその緒がついたままの男の子だった。

「どうも、ありがとうございました。あとはこちらでやります」

私が礼を述べると、看護師は「なにかご用がございましたら、ナースステーションに連絡ください」と言い残して立ち去った。

あらためて男の子に目をやる。両手に乗るほどの大きさしかない。体重は約２９００グラム。身長は40センチメートルほどしかない、まさしく産まれたばかりの赤ん坊だった。目を閉じた表情はとてもやすらかで、見るものを包み込むような不思議な雰囲気がある。私には男の子が小さな〝お地蔵さん〟のように思えた。

男の子の全身撮影をあらかた済ませたころ、医師からの事情聴取を終えた主任が霊安室に入ってきた。先ほど連絡した検視官から「こちらは事件が立て込んでいるので、先に現場だけで検視をするように」との指示があったので、私たちは細部の検視作業を実施する。男の子には目立った外傷がなく、すでに死斑が背面に見られた。

さらに検視官からは、遺体を署の霊安室に搬送することと、男の子が発見された現場の見分も指示されていた。私たちは消防署に連絡を取り、１１９番通報で出動した救急隊員に道案内をしてもらいながら、男の子が遺棄されていた現場を見分する。通りすがりの人物ゆえか、男の子の発見者を特定することはできなかった。

一方、死亡確認をした救命医から、亡くなる24時間以内に男の子を診察していないため、死亡診断書の作成はできない旨の連絡があった。そのため、署に男の子を搬送した私たちは、今後、司法解剖になる場合を想定して殺人事件もしくは死体遺棄事件で、裁判所に「鑑定処分許可状」の請求をする準備に取りかかった。

空耳

真冬という季節柄、ヒートショックによる変死事件が多発していた。そのため、検視官が来署したのは、男の子が病院で死亡確認をされてから4時間ほどが経過した、午前9時ごろのことだった。署の霊安室で遺体を検視した検視官は、私たちの予想通り、犯罪死体として司法解剖に付す判断をした。

あらかじめ準備を進めていた私たちは、府警本部・刑事部科学捜査研究所に連絡。大学側と解剖日時や執刀者を調整した結果、男の子の解剖は本日午後2時からに決まった。解剖に必要な「鑑定処分許可状」は、午前11時ごろに裁判所から発付される予定だった。

本件は、当直中に発生した事件だ。当直員には、当直中に起きた事件は自分たちで処理しなければならない、という慣例がある。そこで当直管理責任者の決裁を得て、刑事課の当直である私と主任、生活安全課員、総務課公かい勤務員の計4名が引き続き司法解剖に従事することになった。

大阪北部にある法医学教室までの道のりは、クルマで片道1時間ほどかかる。前夜の当直員で編成した司法解剖班は午後2時からの解剖に間に合うよう、余裕をもって正午すぎには署を出発する予定を組んでいた。

出発の時間が近づいてきた。私は総務課員と霊安室に男の子を迎えに行く。薄暗い廊下にふたりの足音だけが響いている。霊安室は来訪者や署員の出入りが少なく、人目につきにくい本庁舎の別棟にあることが多い。

線香と消毒薬が混ざり合った霊安室特有のにおいが、だんだん強くなってくる。不慣れな総務課員が顔をしかめる。私は室内の掃除や備品の点検などで毎日のようにこのにおいに触れているので、すっかり慣れていた。

「霊安室」というプレートが頭上に掲げられた部屋の出入り口には、遺体搬送用のストレッチャー（車輪が付いた担架）が移動しやすいように、大型の両開きドアがセットされている。ドアの隙間からは室内の薄明かりがもれていた。遺体が安置されているときは、室内灯を常に点灯したままにするのが署の決まりだった。

霊安室の内部は、約10畳の広さがある。白色の壁に、コンクリートの床。中央付近には遺体を乗せる2台のパレットが設置されており、そのわきにある小物入れの上段は祭壇代わりに白い布が敷かれ、仏像や香炉、線香立てなどが置かれている。私たちは部屋の奥にある遺体保存用の冷蔵庫を開けると、男の子を移動させる準備に取りかかった。

成人の場合は〝極楽袋〟と呼んでいる遺体収容袋を使うが、新生児にはサイズが大きすぎる。今回は「死体覆い」と毛布で包み込むことにした。

死体覆いとは、2メートル四方の大きさがある、濃いグレーのビニールシートだ。若干のび縮みもするため、極楽袋から腐乱死体の腐敗汁が漏れ出したときのカバーや、轢死体のぐちゃぐちゃに飛び散った脳みそや手足、内臓などを包んだりもする。

所轄にも遺体搬送用の専用車両があれば、遺体を乗せたストレッチャーごと荷台に固定してそのまま運ぶことができるが、専用車両が配備されているのは本部と大規模な警察署に限られている。ほとんどの所轄では、捜査用のワンボックスカーを代用している。

ところが、このときはワンボックスカーも使えずにいた。交通課が取り締まりで使っていたのだ。やむなくセダン型の捜査車両で法医学教室まで向かうことにしたが、セダンのせまい車内では男の子を寝かせるスペースがない。そのため、私が男の子の亡骸を抱きかかえて移動することになった。

生活安全課員の運転で署を出発。助手席には総務課員が乗り込み、男の子を抱える私は後部座席に陣取った。主任は裁判所が発付した令状をいち早く受領するため、私たちとは別行動で先に署を出発している。

セダンが阪神高速の入口付近にさしかかったとき、奇妙な音が聞こえてきた。

「グッ、グッ、グッ……」

赤ん坊の笑い声のようなその音は、私の腕の中にいる男の子が発したように思えた。しかし、医師が男の子の死亡を確認してから、すでに8時間以上が経過している。私自身が病院の霊安室で検視したときも、赤紫色の「死斑」が発現していた。

死斑とは、心肺停止によって循環が止まった血液が、自重で沈降（血液就下《しゅうか》）して体表面が血液によって紫赤色や紫青色などに染まる死体現象だ。死後30分くらいから下側になった部分に発現し、約半日で全身に及ぶため「死の証」ともいえる。

まさか、気のせいやろ――。当直からのぶっ通し勤務だったので、意識が朦朧《もうろう》としていたのかもしれない。でも、たしかに笑い声が聞こえた。驚いた私は、男の子の顔をのぞき込んでみた。当然のことながら、まぶたを閉じたままぴくりとも動きはしなかったが、お地蔵さんのような表情は安心感に満ちているように見えた。

そこで、はたと気がついた。もしかしたら、生まれた直後に捨てられたこの子は、人の温もりに触れたことがなかったのではないか……。

車窓からの景色を眺めながら、私は名前すらない男の子を強く抱きしめた。

無縁仏

予定よりも早く法医学教室に着いたため、男の子を死体用の冷蔵庫に再び保管して解剖の開始時刻を待つことになった。

前日から一睡もしていない完徹状態だったこともあり、捜査車両で待機中の私たちに容赦なく睡魔が襲ってくる。連続40時間以上の過酷な勤務。まぶたが落ちそうなのを必死にこらえて眠気と闘う。他の者は、ほんの10分ほどだが仮眠をとっていた。私は目を開けたまま、しばらく意識を失っていたようだ。それはほんのわずかな時間だったが、少しだけ頭がすっきりしたような気がする。

解剖開始の予定時刻、午後2時が近づいてくると、私は冷蔵庫から男の子を抱きかかえて解剖室に運び込み、まずは体重測定をする。その後、捜査資料を見ながら、壁に設置されているホワイトボードに、氏名や生年月日、性別、身長、体重など故人の情報をわかる範囲で記入していく。

司法解剖は、予定通りにはじめられた。

私はいつものように撮影係を担当する。当時は全自動のデジタルカメラがなく、36枚撮りのネガフィルムを装填したカメラで、ピントを手動で合わせながら撮影していく。

司法解剖の結果、男の子の死因は背面に鮮紅色の死斑がくっきり出ていたことや、外気温とほぼ同じであった直腸温などから「凍死」と断定された。この解剖結果や通報者の証言などから、本件は自力出産をしたであろう母親が、へその緒を自分で引きちぎり、産まれたばかりの我が子を路上に遺棄して死亡させた可能性が高い。現場周辺では初動捜査が続けられたが、未明の犯行のため目撃者探しは難航。男の子の遺体以外の証拠もないため、被疑者はおろか男の子の素性すら特定できずに捜査は打ち切られている。

解剖後に石鹸とシャンプーで洗浄した男の子に、たまたま署に保管されていたベビー服を着せてみた。するとお地蔵さんのような表情が、すやすやと眠る赤ん坊の表情に様変わりした。不覚にも、その姿を見た瞬間、私は微笑んでしまった。この子が、ようやく本来の姿にもどれたような気がする。

だが、生後まもなく涅槃《ねはん》の地へ逝ってしまったこの子に、かけるべき最後の言葉はどうしても思い浮かばなかった。

私にできるのは、ただ見つめ、ただ祈ることだけだった――。

翌日、役所の福祉係に関係書類とともに引き渡された男の子は、無縁仏として大阪市内の寺院に「〇〇太郎」という名前で葬られた。

事件5　新生児を産み捨てた女子高生

新生児の遺棄では、もうひとつ忘れられない事件がある。

大阪南部を管轄する警察署に平成20（2008）年から5年間、私は刑事課鑑識係の係長（警部補）として勤務していた。

管轄内の半分ほどを野山や田畑が連なるこのあたりは、大阪府の中でも比較的、治安のよいのどかなエリアだが、ときとして信じられないような事件が発生する。

事件の発端は、ある母親からの通報だった。自宅にある娘（16歳）の部屋から異臭がするので調べてみたところ、押し入れの奥に隠されていたビニール袋の中から新生児の遺体を発見。新生児はひとり娘が産んだ可能性が高いが、母親は本人に事情を聞く前に110番通報をしてきたという。

その娘は、大阪屈指の進学校として知られる有名高校に通う女子生徒だった。

署の生活安全課・少年係が高校に連絡すると、女子生徒は学校関係者にともなわれて署に出頭してきた。幼い顔立ちの女子生徒は、肩までのばした黒髪に地味な制服をまとっており、まじめな優等生タイプの雰囲気が見てとれた。

出頭前に両親から詰問されたのだろう。女子生徒は最初のうちは下を向いてしょげていたが、少年係の女性捜査員と会話をしているうちに気持ちが落ち着いたのか、自分のことを楽しげにおしゃべりする。だが、新生児の父親についてたずねられると、なぜか口をつぐんでしまう。もう何時間も、そんな調子のくり返しだった。

押入れから腐敗臭

鑑識係の係長だった私は、裁判官から発付を受けた捜索・差押許可状（通称・ガサ状）

と検証許可状を持って、強行犯係の係長（警部補）や主任（巡査部長）らと新生児の遺体が発見された現場へ向かう。

新生児の遺体が見つかったのは、一戸建て住宅の2階にある女子生徒の部屋（洋室）ではなく、そのとなりにある和室の押入れだった。

女子生徒の母親を立会人にして、捜索・差押許可状と検証許可状を執行する。ここからは、任意で行う現場の実況見分とは異なり、令状によって強制的に証拠保全をすることができる。立会人に指示説明を求め、指揮する者は「検証官」と呼ばれる。今回は強行犯係の係長が検証官をつとめ、私は現場の鑑識活動に専念した。

私たちが和室に足を踏み入れると、かすかに腐敗臭が漂っていた。母親の証言にならって押し入れの襖を開ける。下段には布団。上段には小物ケースや、ぬいぐるみなどが詰め込まれていた。それらを、記録しながらひとつひとつ押し入れから取り出していく。

しばらくすると、押し入れの奥から強烈なにおいがあふれだしてきた。すぐに目と鼻が痛くなる。このにおいは、腐乱死体が放つ〝死臭〟だ。

押し入れの奥をさらに見ていくと、死臭の発生源がついに現れた。私は毛布で包まれた状態を撮影したあと、押し入れからゆっくりとその包みを取り出す。重さはほとんど感じなかった。畳に敷いておいたグレーのビニールシート（死体覆い）の上にその包みを置くと、私は慎重に毛布を広げていく。毛布の中から出てきたのは、2枚重ねにした白いビニール袋に入れられた、真っ黒い小さな物体だった。

現場に到着した検視官とともに、ビニール袋を開封しようとしたが中身がビニール袋にへばりついており、半分ぐらいしか開けられなかった。これ以上、強引に開くと中身を損傷する可能性がある。

袋の隙間から部分的に見える黒い小さな物体は、頭部に目や鼻、口があり、手足もちゃんと生えている、まぎれもなく新生児が腐敗した遺体だった。着衣はなく全裸の状態。へその緒は鋭利な刃物で切断されており、その姿は〝黒いキューピー人形〟を連想させる。

私が気になったのは、新生児の顔面から上半身にかけてぴったりと張り付いてる、食品用のラップフィルムのような薄くて透明な膜だ。このような膜はこれまでに見たことがない。新生児を殺害した凶器の可能性も考えられたが、正体はのちに判明している。

新生児は、犯罪死体として司法解剖されることになった。ビニール袋に入った遺体をさらに3重のビニールシートで包み込むと、現場にいた検証班の中で唯一、変死用のエプロンをつけていた私が法医学教室まで新生児を抱えて移動することになった。

発見時に比べれば死臭の勢いはさすがに弱まっているが、胸もとに新生児を抱えると思わず顔を背けたくなる。だが、そんな状況でも嫌な気持ちにはならなかった。鑑識係は、きつい・汚い・危険の「3K仕事」というのが、私の職業感であり覚悟だったからだ。

それと、新生児への哀悼もあった。警察官人生で新生児の遺体は本件と前項の事件、市役所の女子トイレで産み落として放置された事件の3回を経験したが、どの新生児の顔も鮮明に覚えている。命に大小はないと頭ではわかっているが、純真無垢な子どもの死に直面すると、ひとりの人間として心に傷が残る——。

法医学教室に着くと、私は新生児を遺体保存用の冷蔵庫に安置した。そして、ビニール袋の指紋検出が未了であることを教授に伝えると、翌日の司法解剖の準備をするために、いったん署にもどった。

肺呼吸

解剖班の撮影担当を命じられた私は、翌日の司法解剖に2台のフィルムカメラを首にかけて臨むことにした。解剖の撮影は一発勝負だ。「すべる」（失敗する）ことは許されない。

緊張をほぐすため、フィルムの装填具合を何度もたしかめながら開始時刻を待つ。

執刀担当の教授が、ビニール袋に入ったままの新生児を解剖台の上にそっと乗せる。中身を確認しようとしたが、やはり身体から染み出た体液でビニール袋がへばりついている。教授が器用にビニール袋を少しずつはがしていく。私は教授の指示に従い、作業の一部始終をカメラにおさめる。

解剖の途中、新生児の顔などを覆っていた〝透明な膜〟について、教授がきちんと解説してくれた。

「(出産時に) この羊膜がはがれて空気を吸い込むと、赤ちゃんの肺がふくらんで自発呼吸ができるようになります」

透明な膜は「羊膜」だった。産まれる前の胎児は全身が羊膜で覆われており、そのなかで成長していく。そして、羊膜嚢は出産のときに自然に破れる (破水)。この事件の捜査は署の少年係が引き継いだため、女子生徒がどこでどのように出産したか鑑識係の私は知らないが、羊膜ごと出産するケースはかなりめずらしいという。

解剖前に計量したところ、新生児の体重は平均値とそうかわりなかった。五体満足で骨格もしっかりしている。たまたま羊膜が鼻と口を覆っていたため肺呼吸ができず、出産直後に亡くなってしまったようだ。新生児の解剖時間は、成人の半分以下だった。

捜査に「もしも」は禁物だが、もしもこの子の羊膜が自然に破れていたら……と思ってしまう。きっと胸いっぱいに空気を吸い込み、新生児は元気な産声を上げていたはずだ。あるいは、その声を聞いた女子生徒の中で、母性の欠けらが目覚めたかもしれない。

冷たくなった新生児を見つめながら、ふとそんなことを考えていた。

女子生徒は、少年係の聴取にも頑として父親の存在を明かさなかった。見ず知らずの中年男との行きずりの性交渉だったと言い張っていたが、のちの調べで同じ学校に通う同級生の男子生徒が浮上。女子生徒との関係を裏付ける確度の高い情報を得られたが、警察が男子生徒のＤＮＡを採取して親子鑑定をすることはなかった。

健全育成の精神が重要視される少年事件においては、たとえ任意であっても指紋やＤＮＡを積極的に採取しないのが少年係の方針だ。被害者のためにも被疑者を特定することが第一と考える刑事課とは、事件との向き合い方が大きく異なる。私は少年事件のジレンマを感じずにはいられなかった。

その後、少年係は女子生徒を死体遺棄罪で大阪地検少年部に送致したが、大阪家裁は審判不開始（審判にかけず調査のみで手続きを終了すること）の決定を下している。

事件6　暴力社長への忠誠心

平成5（1993）年5月、Jリーグ（日本プロサッカーリーグ）の開幕試合を間近に控え、日本中がサッカー熱に沸いていたある日の午後3時ごろ。夜の当直勤務に備えて刑事当直部屋で身体を休めているところに、直通の外線電話がかかってきた。

電話の相手は、となりの署の管轄内にある総合病院だった。電話口の女性が事務的な口調で用件を切り出す。

「そちらの警察署の近くの病院から、私どもの病院に搬送されてきた患者さんが亡くなれましたので、検視をお願いします。詳しいことは、担当のドクターからご説明をさせていただきます」

総合病院からの検視の要請は、患者の死が犯罪の疑いがある「異状死（変死）」であることを示唆している。

医師法21条では〈医師は、死体または妊娠4カ月以上の死産児を検案して異状があると認めた時は、24時間以内に所轄警察署に届け出なければならない〉と規定しており、医師には異状死を通報する義務がある。

この日の刑事課当直員は、強行犯係の係長（警部補）が班長をつとめ、あとは私と後輩刑事（巡査）の3名だった。通報のあった病院に急行した班長と私は、捜査車両を病院内の駐車場に止めてＩＣＵに向かう。

正面玄関から病棟に入ると1階の受付フロアに、喪服を着た男女の人だかりができていた。24時間体制で救患を受け入れている総合病院とはいえ、さすがに喪服の集団は違和感がある。

受付カウンターの前に立つと、私は女性事務員に警察手帳を見せながら要件を伝える。

「先ほど、こちらの病院から署に検視の要請がありましたので、まいりました」

「はい、お待ちしておりました。じつは、私どもも社員の方が突然大勢いらっしゃったので困っていたところでして……」

喪服の集団に目を向けて、事務員は声を落とす。

検視を要する異状死と、その死にあわてふためく大勢の社員たち――。この状況から、遺体を見るまでもなく事件のにおいを感じる。

私は自分の中にある刑事のスイッチを入れ直した。

全身に皮下出血

検視対象の男性（47歳）の遺体は、病室のベッドに横たわっていた。

病室には、喪服姿の遺族らしき女性たちの姿もあった。ひとりは若く、20歳そこそこ。顔に白い布をかぶせられた遺体のかたわらで、立ちつくして泣いている。

そのとなりでは、40代の女性が丸椅子に座ってうつむいていた。ふたりは男性の娘と妻のようだ。

「いまから、警察がご遺体を調べさせていただく『検視』を行います」

このように宣言したあと、私は異状死の扱いについても説明する。

「この病院の先生はご主人の主治医ではないので、『死亡診断書』の作成ができません。今回の場合は警察が検視して、警察の委託医師（大阪市内なら監察医）が死亡診断書に代わる『死体検案書』を作成できるかどうか判断します」

「死体検案書」とは、医師の診療を受けずに亡くなった死体を検案し、死亡を確認した医師が発行する証明書のことだ。遺体に外傷などがあれば事件性があるため、死因を究明するために司法解剖の手続きを踏むことになる。

私たちは遺族に退室してもらうと、さっそく病室内で検視に取りかかる。

写真撮影をするため、遺体の全身にかけられていた白い布をめくった瞬間――私は唖然とした。

頭のてっぺんからつま先まで、びっしりと斑点状になった皮下出血（毛細血管が外圧によって破れた痕跡）が認められたからだ。全身のいたるところが、いわゆる青たん（青あざ）だらけであった。頭部への外圧によって生じた頭蓋底骨折の痕跡となる、目のまわりがパンダのようになる「ブラックアイ（パンダ目症候群）」や、耳の裏側にアザができる「バトル徴候」も出現している。

「班長、これはあきまへん。明らかに殺しですわ。1階にいた社員らの様子も尋常やなかったし、会社で集団リンチがあったのかもしれません」

私の見立てに班長もうなずきながら、「ご遺体を署に搬送して、司法解剖の段取りを進めるで。傷害致死か殺人で鑑定処分許可状の請求や」と指示を出す。

事件の判断をした班長は、すぐに署の刑事課長（警部）に電話で「強行犯係全員の呼び出し」を要請。さらに府警本部の捜査第一課や検視官、機動鑑識班にも、殺人発生の一報を入れている。

社員たちの証言

被害者の男性は、署の管轄内に本社を置く中堅メーカーの営業課長だった。この会社は明治期創業の老舗で、従業員は約100名。数年前から若い社長（42歳）が先代から経営を引き継いでいる。

捜査第一課や検視官の出動を要請した私たちは、そのまま病院にとどまり、院内に集まっていた会社関係者から事情聴取をすることになった。

複数の社員から聞き取った証言によれば、男性はおとなしい性格の持ち主だったようだ。そのためか、日常的に応接室に呼びつけられては、業務上のミスなどを理由に社長から怒鳴られていたという。

そのときの様子を、ベテラン社員が語る。

「応接室からは、『すみません。許してください』と泣いて許しを乞う、（課長の）悲痛な声がたびたび聞こえていました」

別の社員は、応接室で発生した〝大きな音〟を思い出す。

「そういえば、壁を殴ったり蹴ったりしたときにするような〝ドンドン〟という大きな音のあとに、課長のうめくような声を聞いたことがあります」

同様の証言は、複数確認できた。しかし、誰ひとりとして、社長が男性に暴行を加える瞬間は目撃していないという。それどころか、社長の怒声を聞いたことがあると証言した社員たちも「警察に通報なんかしたら社長に仕返しをされるかもしれません。とにかく社長には逆らえないんです」と口をそろえる。

男性と同様に、社長から怒鳴られたことがある社員も何人かいたが、社長の暴力についてはかたくなに認めようとしない。

「怒鳴られたほかに、暴行されたことは」

「いえ、ありません」

私の質問にそう答えた社員に、任意で腕や足などを見せてもらう。すると男性ほどではないが、数カ所の皮下出血が認められた。

「打撲傷のようですね。このケガはどうされたんですか」

「これは、自転車で転んだときのケガです」

多くの社員が、こんな調子であった。

さらには、一部の幹部社員にいたっては、事件を隠ぺいする動きも見られた。会社の対面を保つためか、「最近、課長は体調が悪かった。病気なのに無理して働いていたのが亡くなった原因では」と、あからさまに社長をかばう証言をしている。

このままでは埒《らち》が明かないと判断した私たちは、犯行現場の可能性が高い応接室の「ルミノール反応検査」を科学捜査研究所に依頼した。

この検査は、血液の成分に反応する化学薬品「ルミノール」を使って血痕を特定するものだ。本検査と予備検査の2種類があり、鑑識係が現場で実施するのは主に予備検査のほうで、血液反応はその場ですぐにわかる。一方、人血か獣血の判別や血液型まで特定できる本検査になると、結果が出るまでに数日かかる。

検査の結果は予想通り、応接室の床やソファー、壁などから男性の血液反応が認められた。私が注目したのは、壁にある凹凸《おうとつ》だった。ためしに、木目の壁紙をめくりあげてみると、ちょうどこぶしぐらいの大きさのへこみが何カ所も見つかった。

のちに聞いた社員の話では、社長は格闘技の有段者で、業績不振やミスした社員を応接室に呼びつけては、壁をサンドバック替わりに殴って社員を脅していたという。

まさしく、現代でいえば「パワーハラスメント」そのものだ。社員の中には「このままではダメだ」と職場環境に疑問を感じていた者もいたはずだが、誰も社長の秘密を告白できなかった。それだけ社長の暴力に恐怖を感じていたのだろう。

先代への感謝

関係者からの事情聴取を終えた私は、遺体の司法解剖が決まったことを遺族に伝えた。

「ご遺体を解剖することになりました。それまで署の霊安室に安置しますので、明日警察から連絡があるまで自宅で待機しておいてください。ご遺体にメスを入れられることに抵抗がおありかもしれません。しかし、解剖しなければ検案書が作成されず、埋葬許可もおりませんので、どうぞご理解ください」

翌日、署内に警察署長指揮事件の「準捜査本部」が設置された。

指揮事件には、本部長指揮事件と警察署長指揮事件のふたつがある。前者は府警本部主導の捜査本部、後者は本部の各担当課員の指導・支援を受けて署員が主導する準捜査本部となる。

検視官が署に到着し、私が補助をすることになった。主な任務は、令状請求の疎明資料となる写真の撮影だ。

男性が死亡した経緯も、聞き込み捜査によって判明している。

本社2階の応接室で社長に業務報告をしていた際、仕事の不手際を責められ、社長から殴る蹴るの暴行を受けた男性は、ひどい全身打撲で意識を失い、その場に崩れ落ちた。そのことを知った幹部社員があわてて近くの病院に運び込んだが、男性の容体を見た医師が「事件性があり、当病院では手に負えない」と判断したため、転院することに。そして、転院先の総合病院に着いたときは、すでに心肺停止の状態になっており、前出の通り、男性の遺体には多数の外傷が見られたため、医師が所轄署に届け出ている。

司法解剖の結果、男性の胸部や腹部からは殴られたような跡が複数見つかり、肋骨も数本折れていることが判明。直接の死因は「急性硬膜下血腫」と判断された。

解剖後、指紋の採取中に、男性の顔を正面から眺める機会があった。あれだけの暴行を受けながら、男性の顔には社長に対する怒りや憎悪は浮かんでいない。どちらかといえば、穏やかな表情をしていた。

ある社員によれば、生前の男性は「先代の社長には、拾っていただいた恩義がある」と口癖のように言っていたという。そんな男性の律儀で実直な人柄を知れば知るほど、私は心が痛んだ。もしかしたら、男性は自分が耐え忍ぶことで、先代が残した会社を守ろうとしたのかもしれない。

男性に暴行を加えて死亡させた社長は、事件から半年余りが過ぎた同年11月、傷害致死の疑いで準捜査本部に逮捕された。

この逮捕が転機となり、社員たちが暴力社長から解き放たれる。これまで捜査に非協力的だった社員も、手のひらを返すように真実を語り出した。社長から股間を蹴りあげられた社員の証言など、次々と余罪が発覚。社長は「誰も殴ったことがない」などと容疑を否認していたが、社員に全治6週間のケガをさせた傷害容疑で書類送検（示談成立で不起訴）されていた過去もあり、裁判では実刑判決が言い渡されている。

事件7　海に捨てられた名物ばあさん

「最近、あのばあちゃんを見かけたか」

「そういや、ここ何日も顔を見てへんな」

「皆勤賞もんのばあちゃんが、どないしたんやろ。もういい歳やからな……」

そんな会話が、署内のあちこちで聞こえるようになったのは、平成12（２０００）年４月のことだった。

私が勤務していた警察署には、署員の誰もが知る名物ばあさん（80代）がいた。ここでは仮に名前を「およねさん」としておこう。

およねさんは、私が署に出勤すると必ずと言っていいほど、公かい（大部屋）のカウンター付近に陣取り、時間を問わずくだを巻いていた。

「あの喫茶店の客は、みんなヤクザや。経営者も同じ組のヤクザやで。あいつらは路上駐車をやりたい放題やっとるで！　警察がほったらかしにしといてええんか。しっかり取り締まらなあかん。それがあんたらの仕事やろ！」

甲高い声でまくしたてるおよねさんに、当直中の公かい勤務員はいつも手を焼かされていた。身長１４５センチメートルぐらいの小柄な高齢女性ながら、じつにパワフルで、口が達者だった。

およねさんは、私が転勤してくるだいぶ前から管轄内で暮らしており、戦時中、借地に建てられた木造2階建ての自宅は、署から徒歩１分ぐらいのところにあるという。先輩署員から伝え聞いた話によれば、もとは警察のよき協力者だったが、10年ほど前に夫に先立たれ、遺族年金で暮らす独居老人になったころから、署の〝常連〟となったようだ。

府警本部でも有名

およねさんの日課は、近所で見かけた路上駐車の通報だった。

とくに自宅から40メートルほどの距離にある、喫茶店周辺をいつも重点的にマークしており、クルマで来た客が路上駐車をすると、当該車両のナンバーを新聞の折り込みチラシの裏などに書き付けては、毎日のように数十台分の情報を署に持ち込んでくる。

しかし、喫茶店の前の道路は道幅があり、通行を妨害しない短時間の駐車であれば交通違反キップを切ることはできない。それでも、およねさんは取り締まりを執拗に催促してくる。たまりかねた署の交通課は喫茶店に電話をかけ、客のクルマを移動するように促すことで対処していた。ところがそんな日々が続くと、今度は喫茶店側が怒り出す。警察からの度重なる要請は営業妨害だとして、署に苦情を申し立ててきたのだ。

両者からの板挟みになってしまった署の交通課と地域課は困り果てていた。対応が少しでもおろそかになると、およねさんは署内の公衆電話を使って府警本部にクレームを入れるので、相手にしないわけにもいかない。あるとき、およねさんが公衆電話の受話器を持ちながら、1階のフロア全体に響き渡るような大声で、こんなことをわめいていた。

「ここの警察署はどないなってますの。『駐車違反の取り締まりをしてください』とお願いしにわざわざ来てるのに、話もろくに聞いてくれませんで！」

そんなことがたびたびあり、およねさんは府警本部の通信指令室でも、ちょっとした有名人になっていたようだ。

署の交通課では、およねさんのリストにある数十台もの車両をチェックして、違法駐車の状態が確認できれば、放置車両確認標章（駐車違反ステッカー）を違反車両に取り付け、ドライバーに警告をするようにしていた。

およねさんに振りまわされていたのは、交通課と地域課だけではない。署の2階にある刑事課の部屋にもズカズカと入り込んできては、「うちの物がちょこちょこ盗られて無くなるんですわ。家まで調べに来てもらえませんか」と被害を何度も申告する。

それを受けて、刑事課盗犯係だった私はおよねさんの自宅に足を運び、現場見分と鑑識活動をくり返したが、窃盗事件を立件できたケースはひとつもなかった。警察としては、仮に当人の思い違いだったとしても、被害申告があれば無視することはできない。その後も、およねさんの通報や被害申告は相次いだ。もしかしたら、軽度の認知症を発症されていたのかもしれない。

そんなお騒がせばあさんの姿が、ある日を境にぴたっと見えなくなった。最初のうちは静かになった署内に胸をなでおろしていたが、時間が経つにつれてだんだんと心配になってくる。およねさんは、独居の高齢者だ。家の中で倒れているかもしれない。彼女の身を案じた署員が自宅まで様子を見に行ったが、応答がいっさいなかった。そのため、署の生活安全課から娘に連絡。数日後、娘が自宅内を確認したがおよねさんの姿は見当たらず、署に行方不明者捜索願が届出された。

漂流遺体

およねさんが行方不明になった翌月、岡山県備前《びぜん》市の湾沖で漂流遺体が発見された。

その遺体は、両足にロープでブロックがくくりつけられた他殺体だった。遺体の発見場所を管轄する岡山県警が検視や司法解剖を担当したため詳細は不明だが、おそらく重しをつけて海に沈められた遺体が、体内に発生した腐敗ガスの浮力によって海面に浮かび上がってきたのだろう。拘束されていた手足が、腐敗してちぎれた可能性もある。

溺死体は水に浸かっているため腐敗が早く、顔は大きなカボチャのように変形し、下腹部は腐敗ガスがたまって巨人化する。その過程で魚類や甲殻類、スナホリモドキなどの人食い虫に捕食されて、顔や身体の一部が損壊している場合も多い。

溺死体の手足に「漂母皮形成《ひょうぼひ》」が見られるときは、取り扱いに慎重さが求められる。漂母皮形成とは、長時間、水（風呂やプールなど）に浸かっていたときに、手足の皮膚が白くふやけてしわしわな状態になることだ。以前、水中から陸へ運搬する際、溺死体の漂母皮化した手首を持って引き上げようとしたところ、手袋を脱がせるように表皮だけがすっぽりと抜けてしまい、真皮《しんぴ》がむき出しになってしまったこともあった。

また、まだ生きてる状態で水中に突き落とされれば、気道内に水が侵入するため鼻口部から血液混じりの泡沫《ほうまつ》が認められることもよくある。

岡山で発見された漂流遺体の身元は、同年8月に判明した。遺体から採取したＤＮＡ型が、大阪府警に捜索願が出されていたおよねさんのものと同型だった。被害者が特定されると岡山県警と大阪府警の合同捜査本部が立ち上がり、すぐにふたりの不動産業者が死体遺棄容疑で逮捕された。

ふたりはいずれも50代で、ひとりは兵庫県の自称・不動産会社社員の男。もうひとりは大阪市の不動産会社役員の男であった。およねさんの自宅は、前年の夏ごろに計画が立ちあがったマンションの建設予定地で、地上げの対象となった約20戸のうちの１戸だった。

頑固者のおよねさんらしく、「住み慣れた家から引っ越したくない」と最後まで立ち退きを拒否していたが、同年４月下旬に約３５００万円の立ち退き料で同意書に署名。同月末に家屋は取り壊されて更地になったが、その直後におよねさんが突然失踪してしまう。立ち退き料も支払われた形跡がなかった。

逮捕されたふたりの男には多額の借金があり、およねさんの立ち退き料を自分たちの返済に当てるために彼女を殺害すると、遺体を布団袋に詰めてクルマに積み込み、岡山県邑《お》久町《くちょう》の大橋から海に投げ捨てたという。

およねさんの晩年は孤独だった。近所の住民からは厄介者として煙たがられ、実の娘もトラブルばかり起こす母親を遠ざけていたようだ。

そんなおよねさんの唯一の話し相手となっていたのが、近所にあった警察署の署員たちだったのだろう。毎日のように顔を合わせていながら、私たちは彼女を犯罪被害から守ることができなかった――。
署の正面入り口わき。およねさんの特等席。ぽつんと空いているカウンター前のベンチを眺めながら、自分の無力さを強く感じた。

事件8　めった刺しにされた店主

ある日曜日の昼下がり。久しぶりに、かつての事件現場を歩いてみた。私がこの街に足を踏み入れるのは、およそ20年ぶりになる。かつては消毒液とアンモニアが入り混じったような悪臭がそこら中に漂っていたが、いまはそれほど感じない。

近年では、格安の簡易宿泊所（通称・ドヤ）を目当てに、外国人旅行者が集まるようになった。時代の流れとともに街の風景も変化しつつあるが、いまもこの街が〝日本最大のドヤ街〟であることに変わりはない。

旧地名の釜ケ崎《かまがさき》で呼ばれることも多い「あいりん地区」（大阪市西成区の北部）では、

四角公園（萩之茶屋中公園《はぎのちゃや》）などでボランティア団体が実施している炊き出しに、大勢の日雇い労働者や路上生活者が列をなす。約１キロメートル四方のこの地区で暮らす日雇い労働者たちは、２万人とも３万人ともいわれている。流れ者が多いエリアは、犯罪者の潜伏先となることもあり、「治安の悪い街」といったダークなイメージがつきまとう。

私がこの地区にある所轄署に勤務していた平成10（１９９８）年ごろは、周辺一帯がいまとは比べられないほど混沌としていた。私が捜査した殺人事件を振り返る前に、まずは当時の街の雰囲気からお伝えしよう――。

所轄署の西隣にある四角公園や、南にある三角公園（萩之茶屋南公園）の周辺では、サイコロを使ったチンチロリンなどの街頭博打が白昼堂々と開帳されていた。ドラム缶の上に板を置いただけの賭場が、あちこちの路上に設置されている。

屋内外にかかわらず、賭場には必ず「シケ張り」と呼ばれる見張り役の男たちがいる。彼らは刑事を見つけると人差し指と親指で丸をつくり、それを自分の額に当てて仲間に合図を送る。これは警察官の制帽の徽章《きしょう》が額のあたりにあることから、「ポリ（警察）がきたぞ」という意味の警戒サインだ。

せっかく違法賭博を摘発しても、翌日には別の場所で開帳されてしまうため、まさにいたちごっこだった。

すべての賭場を一斉に摘発することは不可能なので、私たちはいまから手入れをするような格好をして、シケ張り連中の前を走り抜ける〝ガサ入れもどき作戦〟をよく実行していた。これをやると「下手《へた》打ち」（警察に踏み込まれること）が許されないシケ張りたちは、あわてて仲間に連絡をするため賭場が一時閉鎖される。地道な作戦だが、くり返し行うことで少しでも賭博行為の時間を減らすことができればと当時は考えられていた。

この地区では、シャブ（覚醒剤）の密売も横行しており、交差点ごとに〝立ちんぼ〟をする密売人たちがいる。彼らは手当たりしだいに声をかけており、なかには「兄さん、パケ1万円でどうや」と、刑事の私に声をかけてきた間抜けもいたほどだ。ちなみに、パケとはシャブを小分けにしたチャック付きのポリ袋のことだ。

立ちんぼといえば、この地区では売春関連の施設も密集しているため、夜になると〝女の立ちんぼ（街娼）〟も集まってくる。管轄内には〝ちょんの間〟がひしめき立つ旧遊郭の「飛田《とびた》新地」もあるため、男女関連のトラブルも多い。

博打、薬物、売春が蔓延していたこの地区は、大阪エリア、いや、日本で一番の無法地帯であった。そのため、転勤当初はこの地区の雰囲気に戸惑う日々だった。全国から日雇い労働者が流れ着き、そのなかには定職をもたない前科保有者や、素性のしれない〝ならず者〟たちも紛れ込んでいる。羽振りのよさそうな身なりの者を集団で襲って現金や金目のものはもちろん、着ているものまではぎとって丸裸にする、まるで江戸時代の追いはぎのような〝ニシナリ強盗〟もたびたび発生していた。

変死や盗難事件でドヤへ立ち入る際は、脱いだ靴を室内まで持って行くように管理人から言われる。靴を脱いで下駄箱に置いておくと、誰かに盗まれてしまうからだ。あいりん地区にある露天の闇市（通称・泥棒市場）を見に行ったら数日前に盗られた靴が、「警察官の靴」として片方だけが売られていた、という話を先輩から聞いたこともある。

靴泥棒も厄介だが、それ以上に危険なのが自衛のために武装している住民たちだ。一時期増えたのが10センチメートル以上あるカッターナイフの刃に、ティッシュペーパーを何枚も重ね、そのうえにセロテープを巻きつけてつくった、お手製のドス（短刀）だ。

公園などで行われる炊き出しの順番をめぐって喧嘩になり、この武器で斬りつけあう事件が多発したことがあった。この武器は手軽に調達できるため、多くのホームレスも隠し持つようになり、署の地域課員は職務質問をする際にも細心の警戒をしていた。

さらにこの地区では、１９６０年代から現在までに数十回の暴動が発生している、ほかに類を見ない〝暴動の街〟でもある。些細なことを発端に日雇い労働者たちが暴徒化する可能性があり、警察に対して敵意を抱いている者も少なくない。そのため、出退勤時や勤務中も背広は着用しない。背広姿＝敵意の対象となるからだ。私自身も通勤時に空き瓶を投げつけられ、あやうくケガをしそうになったこともある。

背広は職務上、必要となる場合もあるため、署の更衣室に置いておき、管轄内で暴動が発生した場合を想定して、１週間分の着替えもロッカーに常備しておく。本来であれば制服で勤務するはずの署員は、署長以外、全員が作業服で勤務についていた。

血の印影

出勤後、私は1階の公かいに集合して当直管理責任者の指示を仰ぐと、刑事課の当直部屋にもどり、書類の整理に取りかかる。その日は、転勤後はじめてとなる当直だった。私は38歳の末端刑事（巡査）として、現場を駆けまわっていた。

ピン・ポン・パン——午前9時30分ごろ、緊急放送を知らせる呼び出しチャイムが鳴り響く。続いて緊急配備の放送が流れる。

――書店で殺人未遂事件が発生！　マル被（被疑者）は刺身包丁を所持して、逃走中！

現場は署のすぐ近くだった。鑑識資器材を抱えた私が臨場すると、すでに救急車が到着しており、周辺は野次馬でごった返していた。すえたにおいとアルコールが混じりあった臭気が漂う人垣をかきわけて、現場の書店に入る。

第一報では高齢の店主（70代後半）を刺した男（70歳前後）は逃走中だったが、その後に署の地域課員が現行犯逮捕（正確にいうと、現行犯人逮捕）しており、身柄はすでに確保済みであった。

一方、刺された店主は救急車の中で治療を受けながら、搬送先の病院が決まるのを待っていた。同乗する地域課員によれば、店主はすでに心肺停止の状態にあるという。

騒然としている現場周辺では、署長の指揮で出動した直轄警察隊の私服部隊が、朝から泥酔しているホームレスや日雇い労働者らを手際よく散会させてくれたおかげで、私たち刑事課員は現場見分や検視などをスムーズに進めることができた。この事件は、発生場所が「あいりん地区」だったためか、駆けつけた報道陣はごくわずかだった。

現場の書店内は、生臭い血のにおいが充満していた。思わずむせかえりそうになる。こまかく飛び散った血液の飛沫《ひまつ》痕が、天井や壁のあちこちに認められ、店主が倒れていた付近には、血溜まりを踏んだ複数の足跡が見られる。無数にあるそれらは、いびつな印影のようだった。

この足跡の持ち主が、被疑者なのか、あるいは救急隊員なのかは、その場で判別することができないため、私はすべての足跡を写真撮影することでいったん証拠化する。

事件の概要も徐々に判明してくる。

店主が店の奥で椅子に座って店番をしていたところへ、店主と同じ70代の男がふらりと入ってきた。

顎髭を長くのばし、意味不明な言葉を発していた男は、店主に近づくといきなり刃渡り20センチメートルほどの刺身包丁を振りかざして襲いかかった。

すぐ近くで目撃していた店主の妻が、極度に緊張した声でそのときの様子を振り返る。

「主人の悲鳴が聞こえたので、あわてて店に出てみたら、知らん男の人が包丁みたいなもので主人の頭を斬りつけていたんです。主人はそれを手で防ごうとしたんですけど、肩や胸を何度も刺されて……。男の人を止めようとしたら、私も手を斬られました」

彼女の両手には、数カ所の切創が認められた。とくに親指の付け根の傷が大きく、開いた傷口から血がどくどくと流れ出ている状態だった。私は心配になって声をかけた。

「これはあかん。奥さんも病院で治療してもらわんとダメですよ」

私は現場にいた地域課員に頼んで、無線で救急車を手配してもらった。店主の妻は大阪市内の病院に搬送されて手当てを受けることになったが、残念ながら店主は搬送先の病院で死亡が確認されている。

惨劇を目の当たりにしたうえに、夫の死を知らされた妻は、あまりのショックから声も出さずにいつまでも震えていた。

神のお告げ

現場に駆けつけた府警本部の機動鑑識班が、徹底的な鑑識活動を開始する。現場にいた私たちは、署にもどって被疑者の身柄送致や被害者の司法解剖などの準備をするため、立会人の地域課員を残して現場を離れた。

蝟集騒ぎから、ちょっとしたきっかけで暴動に発展しかねない地域だけに、現場における初動捜査は迅速かつ、正確に進めなくてはならない。そのため刑事課員には、年齢が若くて経験豊富な人材が配置されている。

署にもどると、地域課員が殺人未遂事件の被疑者として現行犯逮捕した男が、刑事課の取調室で所持品検査を受けていた。

その様子をのぞくと、長い顎髭をたくわえた男は、取調室の椅子に腰かけてはいるものの、支離滅裂な独り言をひたすらつぶやいていた。机の上には男が所持していたメモ用紙が広げられており、そこには「神のお告げ」や「宇宙の神々」などの文字がびっしりと書き込まれている。

精神鑑定の結果、男は精神病院に措置入院することになり、後日釈放された——。


あれから20年。私は店主が刺殺された書店に足を向けた。

かつての商店街は人通りも多く賑わっていたが、その日は日曜日の昼過ぎだというのにシャッターが閉まったままの店が多く、閑散としている。

遠いあの日の記憶をたぐりよせ、なんとか書店にたどり着く。しかし、そこはもう書店ではなかった。飲食店の看板が掲げられている。

近くにある雑貨屋の女性店主に、書店のことをたずねてみた。

「ああ、本屋さんね。ご主人が殺されてから、あとを追うように奥さんも亡くなりはったんよ。そのあと、娘さん夫婦が本屋さんを継いでお店を開けてはったけど、しばらくしたら店を閉めてよそへ引っ越されましたわ」

悲惨な殺人事件は、亡くなった被害者本人はもちろん、遺族のその後の人生にも暗い影を落とすものだと、あらためて感じる。

書店跡からマイカーを停めておいた有料駐車場にもどると、運転席側のドアに大きなキズをつけられていた。駐車していたのは、わずか20分間だ。いったい誰が……。これはなにかの警告か、たんなる偶然か。

やはり、この街には余所者《よそもの》が立ち寄りがたい、なにかがある。

事件9　井戸に妻を投げ入れた夫

平成20（２００８）年7月下旬、井戸で女性（60歳）の変死体が発見された。

現場は古い街並みが残された旧市街にある、大きな日本家屋だった。敷地は広く、離れ屋も建てられている。

遺体が発見された井戸は、玄関から奥の勝手口につながる土間に掘られた、屋内用の年季が入った井戸だった。

井戸の直径は1メートル程度。円筒形をしており、深さは10メートル以上は優にありそうだ。鑑識用の一眼レフカメラには大型のストロボを装着していたが、ストロボを発光させても井戸の底までは光が届かなかった。

私たちよりも少し遅れて臨場してきた市消防本部のレスキュー隊の隊長が、「井戸の底は空気が薄そうなので、酸素ボンベを装着してから、はしごで降下します」と現場の関係者に説明したあと、すぐに隊員たちに指示を出す。

オレンジ色の活動服に身を包んだ隊員たちが、てきぱきとした動きで白いヘルメットとガスマスクをかぶり、重そうな酸素ボンベを背負うと、ひとりの隊員が井戸の中を降下していく。

数分後、「遺体発見!」という隊員の声が、井戸の中から聞こえてくる。

私は投光器で煌々と照らされている井戸の中を、そっとのぞき込む。井戸の底で黒髪の女性がこちらに背を向けて浮かんでいた。長い髪の毛が扇のように広がり、水面をゆらゆらと揺れている。私は井戸の底に向けて、カメラのシャッターボタンを押した。

くの字の遺体

遺体が確認されると、レスキュー隊は井戸の真上にレスキュープーリー（滑車）がくるように、電動ウインチ付きの三脚を素早くセットする。

先行した隊員に続いて、補助役の２名も降下していく。しばらくすると井戸の中から合図があり、電動ウインチのモーターが動き出す。それと同時に、遺体の重みで滑車がぎしぎしと鳴きはじめた。胴体に救助用のハーネスが取り付けられた遺体が、平仮名の「く」の字のように曲がったまま、井戸の中からゆっくりと引き上げられていく。

女性の遺体が井戸の淵までせりあがってきた。その光景は、怪談話「番長皿屋敷」の女幽霊が登場するシーンを見ているような錯覚を起こす。女性の顔はやや巨人化しており、腰まである長い黒髪の毛先からは、水が滴り落ちている。びしょ濡れの白っぽいブラウスとスカートが身体に張り付き、だらりとしている手足の先は漂母皮形成が見られた。

私はレスキュー隊の隊長に申し出る。

「母屋の居間で検視をしますので、できるだけご遺体を傷つけないように、このままの状態で引き継ぎをさせていただきます」

ここから先は警察の仕事だ。遺体を死体覆いで包むと、私と同行者の強行犯係員は、レスキュー隊員の助けを借りながら居間まで運び込んだ――。

夫の動揺

この事件が発覚したきっかけは、遺体の発見前夜に来署した遺族の訴えだった。

亡くなった女性の夫（64歳）が近所に住む長女（34歳）をともない、生活安全課にある相談窓口（失踪人やＤＶ、ストーカー、児童・高齢者虐待など）を訪問。ふたりはその場で「家出人捜索願」を届け出た。

長女によれば、夫婦ふたりで暮らしていた両親は、日ごろからいさかいが絶えなかったという。数日前から母親の姿を見かけなくなり、心配になった長女が父親を問い詰めたところ、母親が喧嘩中に家出して以来、しばらく行方不明であることを打ち明けたため、警察署に相談に来ていた。

事態は、翌日の夕方に突然動き出す。長女が実家に立ち寄った際、井戸の中に人間の手らしきものがあるのを発見。通報を受けた地域課員が急行している。

そのころ、刑事部屋で執務をしていた私にも、刑事課長から「（長女の通報は）殺人事件に発展しそうだから、強行犯係と一緒に現場へ向かってくれ」との指示が出る。

臨場した私たちは、家屋の中や周辺から捜査を開始する。その様子を別の捜査員から聴取を受けていた夫が、横目でちらちらと見ていた。白い半袖シャツに、ベージュのズボン。妻の行方を聞かれたのか、しきりに首を横に振るしぐさをしている。

違和感を覚えたのは、夫のそばを通り抜けようとしたときだった。自分に近づいてくる私の存在に気がついた瞬間、夫は心底驚いたような表情を浮かべたのだ。私が肩に担いでいたカメラに反応したのかもしれない。その後も、夫の様子を注意深く観察していると、両目をきょろきょろと忙しなく動かしている。私とも何度か目が合ったが、そのたびに視線をそらす。夫はあきらかに動揺している。

容疑者特有の落ち着きのなさに、私は「この男が奥さんを殺した」と直感した。

しばらくすると、サイレンを鳴らした消防のレスキュー車両が到着。オレンジ色の活動服を着たレスキュー隊員たちが、井戸の捜索を開始する。そのときの救助シーンは、本項の冒頭でお伝えした通りだ。

遺体発見の知らせを受け、府警本部から捜査第一課員や検視官、機動鑑識班員らも現場に駆けつけてくる。現場周辺が、にわかに騒々しくなってきた。

泣き崩れた娘

府警本部の刑事部に所属する「機動鑑識班」（通称・機鑑）は、数々の凶悪事件の現場を踏んでいる鑑識のスペシャリスト集団だ。チームワークもよく、鑑識一筋のメンバーも多いと聞く。彼らは専用車両で移動しており、その車内には鑑識活動に必要な機材がほぼすべて積載されている。出動のたびに、鞄を肩に担いで捜査車両に相乗りする所轄の鑑識係とは、規模も体制も大きく違っている。現場では重要部分の鑑識作業を機動鑑識班が実施するため、所轄の鑑識係は彼らの雑用係として動くことになる。

そんな機動鑑識班が作業を進めるなか、検視官も母屋の居間で検視に取りかかる。私は所轄の撮影担当として検視官の補助にまわった。

ちなみに現場の写真は、本部と所轄でそれぞれ別の担当者が撮影して、写真の現像や保管も別の場所で行う。これは機材の故障や写真の紛失などのリスクを回避するためのシステムだと思われるが、そもそも、本部と所轄では撮影した写真の用途が異なっている。実況見分や検証には本部の写真、それ以外の令状請求用などには所轄の写真が使われることが多い。そのため、私と本部の担当者は、似たようなアングルから交互に撮影をすることになる。

とくに令状請求用の写真は急を要することが多いため、このころからすぐにプリントできるデジタルカメラを併用している。メインの銀塩カメラ（36枚撮りのネガフィルム）とサブのデジカメを使って、同じ被写体を２度ずつ撮影することもあった。

検視の作業が完了したため、実況見分の立会人をしていた長女に遺体の身元確認をお願いする。悲しい対面は精神的にもつらいと思うが、長女は気丈にも遺体の顔を直視した。

「母に間違いありません……」

消え入りそうな声で言うと、長女はその場で泣き崩れた。母の遺体にすがるように嗚咽する。遺族対応の方法は刑事によって千差万別だと思うが、私は必要なことを淡々と伝えるだけで、慰めの言葉はかけないようにしていた。

遺体の頭部には、なにかで殴打されたような外傷があり、事件性はあきらかだった。翌日に司法解剖が実施されることが決まり、私たちは法医学教室へ遺体を搬送するため敷地の外へ出ようとしたが、表門も裏門も詰めかけた報道陣に取り囲まれていた。

現場の周辺には、在阪の新聞、テレビ各社がほぼすべて集結している。彼らは屋内にある井戸をなんとか撮影しようと必死だった。

そんな報道陣に対して、機動鑑識班員が怒鳴り声をあげる。

「おい、勝手に入るな。どこのテレビ局や。そこでカメラをまわすな！」

どうやら、勢い余ったカメラマンが現場保存用のロープを勝手に乗り越え、敷地内に侵入したらしい。

そこで私たちは過剰な取材の防止策として、大きなブルーシートを被害者宅の周囲に張り巡らせ、外から敷地の中がまったく見えないように目隠しをした。

激しい憎悪

現場での聴取を終えた夫は、任意同行された警察署で通常逮捕されている。容疑は、死体遺棄だった。

翌日、署の刑事課員は検証班と司法解剖班を分担することになり、私は検証班の検証官を命じられている。

犯行の動機について、夫は「妻からの言葉の暴力が耐えきれず、追い詰められていた」という趣旨の供述をしている。娘の証言にもあったが、ふだんから夫婦喧嘩が絶えなかったことは事実のようだ。

事件のあった日も妻と口論になり、激怒した夫は浴室で妻に暴行。意識を失った妻を土間まで引きずり出すと、まだ息のある妻を井戸の中へ投げ込んだという。

浴室から井戸までの距離は4、5メートル。夫の供述にもとづいて、その動線を検証するためルミノール検査を実施した。その結果、浴室から井戸にかけて顕著な血液反応が出ている。さらにステンレス製の浴槽からも、数カ所のへこみが見つかっている。

司法解剖の結果も、妻の死因は「窒息死」であった。

その後、夫は調べに対して「喧嘩になって殴りつけるとぐったりしたため、妻は死んだと思って井戸に落とした」と殺意を否定。裁判では精神鑑定も行われたが、裁判所は夫の責任能力を認め、殺人、死体遺棄の実刑判決を言い渡している。

事件10　恋敵をバットで撲殺した少年

川の浅瀬に打ち捨てられた遺体は、見るも無残な姿をしていた。

平成21（2009）年6月中旬の午前5時30分ごろ。大阪府内を流れる川の護岸から約1メートル離れた浅瀬で、私立高校1年生の男子生徒（15歳）の遺体が発見された。黒っぽい色のズボンに白いカッターシャツ姿の男子生徒は、横向きの状態で半身が川に浸かっていたという。

川から引き上げられた男子生徒の遺体を見た捜査員たちの間に、衝撃が走る。

男性生徒は、左側頭部から顔面にかけて木槌《きづち》と木製バットを使って激しく殴打されており、数カ所が大きく陥没していた。さらに左眼球もぐちゃぐちゃに潰されており、司法解剖の結果、死因は「脳挫傷」と断定されている。

男子生徒を惨殺したのは、別の公立高校3年生の少年（17歳）だった。

その日、少年は携帯電話のメールで男子生徒を私鉄の駅前に呼び出した。午後7時30分に待ち合わせたふたりは、少年の自転車にニケツ（ふたり乗り）しながら近くの護岸へ向から。

「心理テストをしよう」

護岸に着いた少年は、言葉巧みに男子生徒をその場に座らせ、両目を閉じさせる。そして、鞄の中に隠し持っていた木槌を取り出すと、少年は男子生徒の頭をめがけて力いっぱい振り下ろす――。

不意打ちを食らった男子生徒は、その場に崩れ落ちた。ぐったりして動かない男子生徒を死んだと思った少年は、護岸から川に蹴り落とす。ところが、そのはずみで男子生徒の意識がもどり、川から必死になってはい上がろうとしている。

その様子におそれをなした少年は、あらかじめ草むらに隠しておいた木製バットを持ち出すと、バットがふたつに折れるまで男子生徒の頭部を執拗に殴り続けた。少年は右利きだったのだろう。男子生徒のダメージは、左側頭部に集中していた。逮捕後に少年は「頭を狙ったのは急所だから」と供述している。

男子生徒の遺体を署に運ぶ際、私は極楽袋を開けて中身を確認した。前述の通り、遺体の左側頭部には激しい損傷が見られる。かろうじて原形をとどめている右半分の顔は、右目がかっと見開いたままになっていた――。

マルユウ

時計の針を、事件当日の朝にもどそう。

男子生徒の遺体発見から約2時間が経った午前7時20分ごろ、私は所轄署の刑事課にすでに出勤していた。午前9時の始業までは1時間以上も余裕があるが、早朝出勤は若手のころからの習慣だった。

私が早朝に出勤する理由は、鑑識係が係長（警部補）の〝自分ひとり〟しかいないからだ。鑑識係が不在だと、その日の事務処理が停滞することになってしまう。そこで、早く出勤して資器材の準備や補充などを済ませておき、前日の当直からの応援要請があれば即座に対応できるようにしていた。

たとえば、昨夜に身柄を拘束した事案があれば、刑事訴訟法の規定によって被疑者の写真撮影、指掌紋・足紋を採取する予定を組まなくてはならない。所轄の朝はやることだらけで、時間はいくらあっても足りないぐらいだ。

当時の刑事課員は、鑑識係の私も含めて総勢20名ほどだが、この日は当直員の姿も見られず、刑事部屋はもぬけの殻だった。

ほどなく出勤してきた刑事課長（警部）に、現状を報告する。

「きのうの当直員は、早朝に発見された屋外変死の現場に出ているようです。どのような変死か不明ですので、これから現場の当直員と交信してみます」

刑事課に設置されている無線機を使って、現場に呼びかける。応答した地域課員によれば、刑事当直員はまだ現場に着いていないという。どうやら遺体の発見場所は隣接する署との境界付近になるらしく、あちらの署の捜査員はすでに臨場している様子だった。

所轄署にとって、隣接する署との境界線は極めて重要だ。

殺人事件なら発生場所、漂流遺体なら発見場所を管轄する署が、捜査を担当することになる。境界線については各署の間で厳密に線引きがされており、それは河川であっても同じだ。遺体が右岸、左岸のどちら側に漂着したかで所轄署が決まる。

「遺体の流れ着いた場所は、うちの管轄だった可能性が高いです。このあと司法解剖の準備が必要になると思いますので、とりあえず私もこれから現場に向かいます」

そう申し出ると、刑事課長はうなずきながらこう言った。

「川の流れからして、うちの管轄になりそうやな。そしたら出動してくれ。現場からの連絡は〝マルユウ〟で頼むで」

マルユウとは、携帯電話のことだ。携帯電話が普及する前は、第三者に傍受される可能性がある無線ではなく、公衆電話などの有線電話（通称・マルユウ）を使って重要な情報がやりとりされていた。その名残りだろうか。大阪府警では「詳細はマルユウで」という指示があれば、それは携帯電話でのやりとり＝秘匿情報を意味している。

ちょうど通勤通学の時間帯となり道路が混雑していたが、署から10分ほどで現場の河川敷に到着。その日は梅雨の晴れ間の蒸し暑い一日で、朝から強い日差しが照りつけていた。捜査車両から下りた途端に汗がにじんでくる。

府警本部から派遣された機動鑑識班員が、男子生徒の遺体が発見された浅瀬を入念に見分している。やはり発見場所は、こちらの署の管轄内だった。男子生徒の身元は、本人が所持していた定期券からすぐに判明した。

当直員の3名は私より先に着いていたが、各課から寄せ集めた臨時メンバーのため殺人事件の経験が少なく、班長の指示がなければ動き方がわからない。遺体の写真撮影や現場の計測をして、川から引き上げた遺体を極楽袋に収納したまではよかったが、それを車両に積み込まず、なぜか担架に乗せたまま人目に触れる状態で放置していた。

私は当直員に、いまやるべきことを伝える。

「これは殺しや。すぐに遺体を署まで搬送して、検視せんとあかんやろう。それと、司法解剖と検証許可状を請求する段取りも必要やで」

署の刑事課長にも、マルユウで報告を入れる。

「遺体は水に濡れてますから、この気温やと腐敗が早いです。検視官に連絡して『検視は署の霊安室でお願いします』と言っておきますが、それでよろしいですか」

「そのようにしてくれ。わしも現場に行く」

のちに判明したことだが、警察幹部以外にも検察官や司法解剖を担当する法医学教室の教授と研究員（助手）らも現場を視察している。これはかなりめずらしいケースだ。少年の惨殺遺体は、捜査関係者にとってもそれだけインパクトが大きかった、ということだろう。私は現場で諸々の手配を済ませると、いったん署にもどった。

血まみれの制服

遺体発見から数時間後、署の剣道場に府警本部の捜査第一課と少年課による合同捜査本部が設置され、約50人の捜査員が一同に集結した。私は所轄の鑑識係と捜査本部の兼務をすることになった。

捜査本部はすぐに被疑者の少年を割り出すと、所轄署の生活安全課にある取調室で、親同伴のもと任意の取り調べをはじめた。

少年は凶器を捨てた場所などを素直に供述したため、捜査本部は任意による「同行見分」の実施を決定した。この見分は、少年本人に犯行現場や凶器の遺棄現場などを案内させて所在地を確認するもので、その模様を記録した資料は、逮捕状や鑑定処分許可状を請求する際の重要な疎明資料となる。

翌日に実施された同行見分を担当したのは、捜査第一課員と検証官を命ぜられた署の強行犯係長（警部補）、写真撮影をする鑑識係長の私、移動車両の運転手をつとめる署の少年係員の計4名だった。

生活安全課の取調室にいた少年は、身長170センチメートルくらいで、やせ型。Tシャツに短パン姿の風体は、どこにでもいるふつうの高校生のように見える。

窓にカーテンのついたワンボックスカーに少年を乗せ、私たちは署を出発した。最初に向かったのは、凶器の木槌と返り血を浴びた制服が捨てられた場所だ。少年の案内で、クルマは旧市街の住宅地に入る。車幅ギリギリのせまい道をゆっくり進むと、プレハブ造りの倉庫（資材置き場）のような建物が見えた。ここは少年の自宅の近くらしい。

前方を見つめていた少年が、ぽつりと言う。

「この先は、歩かんと行けませんよ」

私たちは少年をクルマから下ろすと、ここから先は徒歩で案内させることにした。

少年は倉庫の前で足を止めると「あれです」と、となりの一戸建てとの間にあるＵ字溝を指差した。私は腰をかがめて、側溝の内部をのぞき込んでみる。奥のほうにふくれ上がったポリ袋が見えた。それは投げ捨てたというよりは、隠す意図のある置き方だった。

自分のＤＮＡが付着しないようにエプロン、ゴム手袋、マスク、キャップ帽の完全装備に着替えた私は、細心の注意を払いながらポリ袋を回収する。その状況は、同行の捜査員が一部始終を撮影している。

厳重にくくられていたポリ袋を慎重に開封する。中から出てきたのは血だらけの木槌と乱雑に丸められた衣類だった。確認をするため、衣類を１枚ずつ広げていく。それはカッターシャツと制服のズボン、犯行時に履いていたスニーカーだった。

ポリ袋の中身には持ち主を特定できるものはなかったが、私はそれらを遺留物として「領置《りょうち》」（強制的な「押収」に対して、被疑者の遺留物や任意提出された物の占有を捜査機関が取得）することにした。

鮮血に染まった木槌や制服を見ても、少年は顔色ひとつ変えなかった。

それどころか、こんなことを口にしている。

「あいつは殺されても、しかたがないやつです」

心の声がにじみでたような、つぶやきだった。私はぎょっとして、少年の横顔を盗み見た。少年は顔を上げ、しっかりと前を向いている。その様子からは、ほんの数時間前、河川敷で同級生を殺《あや》めた興奮も、動揺も、まるで見られない。遺留物の隠し場所を淡々と語る少年の言葉には、達成感や満足感が混じっているような気がする。

少年の異常な殺意を感じ取った私は、背筋が凍りついた。

突然の豪雨

「次はバットや。どこに捨てたんだ」

捜査第一課員の問いかけに、少年が事も無げに答える。

「ああ、いいですよ。案内します。クルマを走らせてください」

凶器のバットを遺棄したという河川敷に向かってクルマが動き出すと、突然雨が降り出した。ぽつぽつの状態からたちまち雨量が増え、土砂降りになった。

雨粒が捜査車両をたたきつける音が、静まりかえった車内に響く。私たちの行く手を阻むような豪雨は、理不尽に殺された男子生徒のせめてもの抵抗に思えた。私のとなりに座っている少年の耳にも、この雨音は届いているはずだ。

バットの遺棄現場は、木槌と衣類を発見した場所からそれほど遠くはなかった。クルマが現場に到着したころには、激しかった雨が嘘のように止んでいた。運転手以外がクルマから下りると、先導する少年のあとについて河川敷を進んでいく。

「ここです」

少年が指差したのは小さな草むらだった。供述通りにバットは発見されたが、拾い上げられたバットを見て私は愕然とした。途中で真っ二つに折れているバットの表面には、焼け焦げた黒い跡があったからだ。

少年は犯行当日の夕方に制服姿のまま、近所のホームセンターで木槌とライターを購入している。凶器と一緒にライターを購入した理由については、「返り血を浴びた制服や木製の凶器（木槌やバット）を使ったあとで焼くため」と供述しており、犯行後に証拠隠滅をはかろうとしていた周到さがうかがえる。

しかし、ライターだけでは火力が足りず、実際には凶器を焼却することはできなかった。顔や手などについた返り血は持参したウェットティッシュで拭き取り、その場に投げ捨てたという。木槌と返り血を浴びた制服は前述の通り、自宅近くの側溝で発見されているが、それらに焼かれた痕跡はなかった。

さらに少年は、男子生徒の携帯電話を持ち去っていた。警察が端末の履歴などを調べた結果、メールの一部が事件後に消去されていることが判明。ここでも少年が証拠隠滅をはかったとみられている。

はたして、少年と男子生徒の間には、どのようなトラブルがあったのだろうか。

意外なことに、ふたりは事件のわずか2日前に顔を合わせたばかりだった。そんな、出会ってまもない男子生徒が惨殺された背景には、ある女子高生の存在があった。少年の犯行動機は、恋敵への激しい嫉妬と逆恨みだったのだ。

事件の約2カ月前、少年は男子生徒と交際中の女子高生と知り合っている。少年は女子高生から彼氏（男子生徒）のことで相談を受けるうちに、密かな恋心を抱いてしまう。気持ちが抑えきれなくなった少年は、思いきって翌月に交際を申し込んだが女子高生はそれを拒否。少年はあえなく振られてしまったが、あきらめきれずにその後も女子高生にしつこくつきまとっていたため、男子生徒から「いいかげんにしろ」とメールで警告されたという。

さらには当の女子高生からも、「もうかかわらないでほしい」というメッセージが届いたが、事態を曲解している少年の行動は、ますますエスカレートしていく。そして、逆上した少年が「彼女を束縛するな」と男子生徒に直接抗議したのが事件の2日前だった。

このときの心境について、のちに少年はこのように供述している。

「ヤツ（男子生徒）が、彼女（女子高生）を困らせているのが許せなかった。彼女を助けるためにヤツをこの世から消すしかないと考えた」

思い詰めた少年は、このあと凶行に走る――。その模様は、本項の冒頭でお伝えした通りだ。

犯行を自供し、同行見分で凶器なども発見されたことから、少年は殺人と死体遺棄容疑で通常逮捕されている。

平成23（２０１１）年2月、大阪地裁は殺人罪で起訴された少年に対して、少年の有期刑の上限である懲役5年以上、10年以下の不定期刑（求刑通り）を言い渡した。

また、男子生徒の遺族らが少年と少年の両親を相手取り、損害賠償を求めた民事訴訟においては、平成26（2014）年6月、大阪地裁は「遺族の精神的苦痛は極めて甚大」として少年側に約1億円の支払いを命じている。

第2章

事故

事件11　巨大トンネル火災事故

「大阪本部！　トンネル火災の現場近くに現着しました！」

――大阪本部、了解。火災の詳細と負傷者の有無が判明しだい状況を送れ。どうぞ。

「了解！　これからトンネルの中に向かいます！」

――了解。受傷事故には十分注意せよ。以上、大阪本部。

本部への発報（無線で報告）を手短に済ませると、私は捜査車両から飛び降りた。あたりは、もうもうと立ち込める黒煙のにおいが充満している。目と鼻の奥が少しひりひりする。ここまで大きな火災の現場は、はじめてだった。鑑識資器材を肩に担ぐと、私はトンネルの出入り口付近をめざして一目散に走り出す。

火災現場となった生駒《いこま》トンネルは、大阪府と奈良県を隔てる生駒山を4737メートルにわたって東西に貫き、近畿日本鉄道（近鉄）けいはんな線（旧・東大阪線）の新石切《しんいしきり》駅と生駒駅との間にある鉄道用のトンネルだ。

トンネル内で火災事故が起きたのは、開通翌年の昭和62（1987）年9月21日、午後4時20分ごろ。大阪側から1949メートル地点のトンネル内で火の手が上がり、6両編成の生駒行き電車が立ち往生。約70人の乗客は車掌らの誘導で大阪側の出口まで徒歩で非難したが、煙を吸い込んだひとりが死亡、負傷者は50人以上を数えた。

緊急走行

当時、巡査だった私（28歳）は、トンネルの大阪側出入り口からほど近い警察署の刑事課・司法事務係の新米刑事であった。

そのころは6個班体制で、署員は6日に1回の割合で当直がまわってくる。人口50万人弱の中核市を管轄する警察署の規模は小さく、署員も少ないため、刑事課の当直員はわずか2名しかいなかった。当直の勤務時間は、平日が午後5時45分から翌日の午前9時まで、休日が午前9時から翌日の午前9時までとなる。

火災発生の一報は、当直勤務に入る直前に飛び込んできた。

その日の当直員だった私は、事故の知らせを受けて当直班の班長（巡査部長）ともに出動準備に取りかかる。「立入禁止」のプレートが付いたトラロープやフィルム式の一眼レフカメラ、マスク、手袋、足カバー、署轄系無線機などの資器材を捜査車両に積み込み終わると、急いで出動服に着替える。そして、捜査車両のサイレンを鳴らし、磁石式の赤色回転灯をルーフに取り付けると、私は現場に向かってアクセルを踏み込んだ。

途中、私たちと同様に緊急走行する消防車と救急車を何十台も見かけた。捜査車両のハンドルをにぎっている手が汗ばむ。その手をズボンで拭いながら班長に話しかける。

「消防の台数からみて、火災の規模はかなり大きそうですね」

「ほんまや。ただ事やないな」とうなずく班長は、前方を凝視している。数十メートル先からクルマのテールランプが数珠つなぎになっていた。トンネル火災の影響で現場付近の国道が大渋滞をしているのだ。渋滞に巻き込まれた私たちも、完全に身動きができなくなってしまった。

捜査車両のダッシュボードに取り付けられた無線機から、くり返し呼びかける府警本部の切迫した声が聞こえてくる。

――現場の状況を発報せよ。捜査員の現着はまだか。

焦る気持ちとは裏腹に、じりじりと時間だけが過ぎていく。現場で助けを待っている人がいるかもしれない。事態は一刻の猶予もなかった。私はサイレンのボリュームを最大にすると、国道のセンターライン付近を中央突破した。

運転士の証言

火災現場では、電車が上下線ともに運行できない状態だった。駅のホームは乗客たちであふれかえっている。駅員を囲んで運行の見通しを詰めよっている人たちもいた。私たちは駅長の許可を得て、線路内に下りるとトンネル方面に小走りで向かう。トンネル内から吹き出た煙が、上空にもくもくと立ちのぼっていた。

トンネルの出入り口付近に近づくにつれ、あたりにはビニールが焼けたようなにおいが漂ってくる。トンネル内部は煙が充満しており、視界がきかない状態だった。その煙をかきわけるように、何人もの乗客たちがトンネルから駅に向かって逃げ出している。

私たちは火災の状況を直接確認するため、人波を逆行するようにしてトンネルの出入口にさらに近づこうとした、そのときだった。

——ドーン、ドーン。

なにかが爆発したような轟音が、トンネルの中から聞えてくる。同時に大地も揺れた。若い女性が悲鳴を上げてしゃがみ込むと、まわりの人たちも咄嗟《とっさ》に腰を落とす。

本部へ発報するためには、捜査車両までもどる必要があるが、いまはその時間が惜しい。そこで私は、携帯していた署轄系無線機を使い、署の地域課経由で本部に発報してもらうことにした。肩に装着した無線用マイクに、大声で現状を吹き込む。

「トンネル内から大きな爆発音が聞こえ、二次災害のおそれあり。消防の消火活動も難航しており、死傷者は現段階では不明なるも、すでにトンネル内から脱出した乗客の何人かに負傷がある模様」

酸素ボンベを背負い、ガスマスクを着けた消防隊員が、警察の略帽をかぶっていた私たちに声をかけてきた。

「いま、トンネル内に入るのは危険です。乗客は全員トンネルの外に避難させましたが、乗客のひとりが重傷。運転士も病院へ搬送されています」

この情報を署に続報すると、現場見分や被災者からの聴取は非常召集された別の捜査員にまかせ、私たちは運転士（40歳）が搬送された救急病院へ向かった。

火災現場から10分弱で病院に到着すると、運転士がストレッチャーで院内に運び込まれるところに出くわした。私は急いでそのあとを追いかける。

集中治療室に向かう途中でなんとか追いつき、歩きながら運転士の顔を見ると、煤で汚れてはいるが意識はありそうだった。ストレッチャーを押す女性看護師からの「息はできますか」という問いかけにも、かすかにうなずいている。私も声をかけてみた。

「警察です。だいじょうぶですか」

運転士は無言でうなずく。搬送してきた救急隊員に容体をたずねた。

「気道熱傷ですね。いまのところ、生命の危険はなさそうです」

気道熱傷とは、火災や爆発の際に生じる煙や有毒ガス、高温水蒸気などを吸入することによって起こる呼吸器障害の総称だ。

治療を終えて病室に運ばれてきた運転士に事情聴取をしようとしたところ、病院内で待機していた鉄道会社の社員から、その場に立ち会いたい旨の申し出があった。のちの公判対策か、会社に不利益な話をさせないための圧力か。いずれにしても、捜査に支障を来すおそれがあるため、社員には病室から退出してもらう。

運転士は、火災事故に遭遇したときの模様をこのように語った。

「トンネル内を走行しているとき、前方左側にある配電盤付近で〝火の玉〟のような炎が見えました。まもなくして電車内が停電したので手動急ブレーキをかけましたが、停車したのは火の玉を少し通過したあたりだったと思います。緊急の無線交信をしていると車内に煙が充満してきたので、座席を滑り台にして乗客をドアから外に出しました」

刑事裁判などによれば、このときの〝火の玉〟は電力ケーブルの施工ミスによって発生した漏電火災だった可能性が高い。約70人の乗客は車両の停車後、約30分間、車内にとどまっていたが、復旧のめどが立たないため、車掌（22歳）らの誘導で最寄りの駅まで線路上を歩いて脱出している。

私は鞄から「2号用紙」と呼ばれる供述調書の継続用紙（縦書き）を取り出すと、病室内で立ったまま運転士の供述を書き記す。重要な供述を得られたらすぐに書面化できるように、私は常に「2号用紙」を持参していた。このときは、わずか2枚ほどの調書であったが、運転士に読み聞かせて署名指印をもらっている。

死後硬直

運転士からの事情聴取を終えた私たちが署にもどると、霊安室の照明がついたままになっていた。霊安室に遺体が安置されているときの慣わしとして、室内の照明と仏像が祀られた祭壇の電気ろうそくは、点灯したままにしておく。

遺体保存用の冷蔵庫の中で、火災事故で死亡した乗客の男性（56歳）が、明日行われる司法解剖を待っている。全裸にした遺体の足首には取り間違い防止のための名札が付けられ、極楽袋（遺体収容袋）の表面にも油性マジックで男性の名前が書かれている。

私と班長は、司法解剖の「鑑定処分許可状」を請求するため、疎明資料の「現場及び遺体状況の写真撮影報告書」などの作成に取りかかる。

司法解剖の結果、男性の死因は煙による「一酸化炭素中毒」だった。

解剖後は現場資料（現場で採取された指掌紋）と照合するため、遺体の指掌紋を採取しておく。これが本件における最後の鑑識作業となる。

遺体は通常、死後2時間を経過すると顎から下方へ身体が硬直していくため、解剖後の遺体は手の形がジャンケンのグーやパーのような形で硬直していることが多い。手指の硬直が強度であれば、リハビリをするように1本ずつ指をもみほぐしていくか、熱湯をかけて硬直をやわらげる。そして、インクローラーを使ってすべての指掌紋を採取する。

高度腐敗やミイラ化した遺体はインクを使って指掌紋が採取できないため、シリコンとリグロイン液を混合させたものを指に塗り付け、それをはがして採取することになる。

本件は死者1名と重軽傷者を多数出した重大事故であり、トンネルを施工した業者の過失が問われる可能性もあるため、本部長指揮事件として署に捜査本部が設置された。その後、長期の捜査を経て、刑事・民事ともに幾度も公判が開かれている。

事件12　ため池で溺死した4歳女児

嘘やろ――。

ため池の水面に、女児（4歳）の小さな背中が浮かんでいた。

雑草をかきわけるのに使っていた警杖《けいじょう》を投げ捨てると、私は無我夢中でため池に飛び込んだ。女児までの距離は約5メートル。長靴の中に容赦なく水が流れ込んでくる。

ため池のへりの近くは水深が浅く、ひざ下程度しかないが、水底に積もったぬかるみに足をとられて思うように進めない。私はバシャバシャと大きな音をたてながら、女児の背中に駆け寄った。

府警本部のアクアラング隊員（水難救助部隊）が、水の中から女児の身体をすくい上げる。それを私ともうひとりが受け取り、毛布に包んでため池のへりまで運ぶ。

女児はおかっぱ頭でぽっちゃりとした体型をしており、まるで日本人形のようだった。

私は抱きかかえていた女児に話しかける。

――お嬢ちゃん、こんなところまで、ひとりでなにしに来たんや。

女児の光のない目は、微動だにしない。

――おい、どうした。なんで動かんのや……。

女児の顔をのぞき込みながら、腕を少し揺すってみる。その拍子に、小さな口や鼻から黒い泥水が流れ落ちた。

嘘やろ――私は自分の目からあふれ出した涙を止めることができなかった。

女児発見

１９８８（昭和63）年ごろの秋だった。平日の夕暮れどきに女児の捜索願が出された。

昼間、女児は自宅近くの公園に友だちと遊びに行き、帰り際、友だちと別れたあとに行方不明となる。夕方になっても帰宅しない女児が心配になり、女児の母親は公園付近を探したが娘の姿はどこにも見当たらず、最寄りの警察署に駆け込んだ。

署では刑事課や防犯課（現・生活安全課）、交番の地域課ら総動員で女児の捜索に乗り出す。刑事課に配属されたばかりの新米刑事だった私も、長靴に履き替え、警杖を手に出動する。騒ぎを聞きつけた、多くの近隣住民たちも女児の捜索に協力してくれている。

捜査を指揮する刑事課長は、わいせつ目的の誘拐事件を想定。府警本部の捜査第一課・特殊犯捜査係（誘拐担当）や警察犬係にも出動要請をして大がかりな布陣を敷いた。

捜索開始から約1時間が経過して日が暮れかかったころ、地域課員が市街地にある50メートルプールと同規模の「ため池」のへりで、ピンク色の子ども用サンダルの片方を発見した。このあたりは、農業用水を確保するために造成されたため池が点在している。サンダルが発見された場所は釣り人がならしたのか、枯れ草がなくなり猫の額ほどの地面が見えていた。

「遺留品発見」の報告を受けた刑事課長は、すぐさま事件と事故の両面での捜索を指示する。同時に、警備部・第二機動隊に所属する水難救助や証拠品の水中探索を専門とするアクアラング隊と消防のレスキュー隊にも出動を要請。臨場した両隊は、潜水具を装備するとため池の中へ次々と潜っていく。

日が沈んであたりが暗くなると、警察と消防は発電機を設置し、数台の投光器でため池全体とその周辺を一斉に照らし出す。真昼のように明るいため池に、発電機の低いモーター音と排ガスのにおいが漂う。女児の生存を、その場にいる全員が祈っていた。

出動服に長靴を履いた私は、生い茂った雑草を警杖でかきわけながら、ため池のへりをひたすら歩きまわる。水際では、腰まで水に浸かれる胴付水中長靴を履いた消防団員が浅瀬を捜索している。ため池の水はヘドロが堆積して深緑色に濁っており、水中捜索は難航しているようだった。

突然、アクアラング隊員がさけび声をあげた。

「発見、発見！　そこですわ！」

ため池に浸かったままの隊員が、私の立っている方向をしきりに指差している。水面を見ると、私からほんの5メートルほど離れたところに、女児の小さな背中が浮かんでいた――。

本項の冒頭でも触れた通り、発見された女児の手足はだらんとしたままだった。ぴくりとも動かない。

その姿を見た私は、大きなショックを受けた。幼い子どものこのような姿を見たのは、このときがはじめてだったからかもしれない。

自然と涙があふれ、しばらく言葉が出なかった。

責める父親

女児はため池の近くで待機していた救急車に運び込まれたが、救急車はなかなか発進しなかった。現場にいる全員の視線が集中するなか、受け入れ先の病院が決まらず、救急隊員もいらだっている様子だった。無情にも時間だけが過ぎていく。その間、別の隊員が女児の蘇生措置を施していた。心臓マッサージで女児の身体が圧迫されるたびに、女児の口と鼻から泥水が噴き出してくる。

私は女児の身元を確認してもらうため、ため池からほど近い女児の自宅へ両親を迎えにいく。玄関先に着くと、家の中から男性の怒鳴り声が聞こえてきた。

「おまえが、きちんと子どもを見てなかったからや！」

直後に「すいません、すいません」と泣きながら謝る女性の声が重なる。どうやら、女児の父親が、母親の不注意をとがめているようだった。

私が玄関先から声をかけると、父親の怒声はいったん止んだ。玄関のドアを開けて室内をのぞくと、母親は玄関口にしゃがみ込んで父親に頭を下げ続けていた。

私は警察手帳を見せながら、救急車に搬送された女児を確認してほしい旨を伝え、両親を案内する。

救急車に乗り込んだ母親は、女児の顔を見るやいなや泣きさけぶ。

「ごめんね、ごめんね、お母さんのせいや……」

半狂乱になった母親が女児の身体を抱きかかえようとしたため、救急隊員があわてて制止する。その横で、両手の拳を強くにぎりしめ、必死になって感情を押さえ込んでいる父親がぽつりと言った。

「うちの娘です」

次の瞬間、父親はいきなり母親の髪をわしづかみにすると、そのまま救急車の外へ引きずりだした。

「おまえは、母親失格じゃ！」

凄まじい形相で母親に罵声を浴びせると、拳で顔面を殴りつけた。地面に倒れ込んだ母親を今度は足で蹴り上げ、さらに殴りかかろうとしたところで、私と地域課員がふたりの間に割って入った。

興奮状態の父親に対して、私も声を張り上げる。

「生死をさまよっている子どもの前で、夫婦喧嘩をしている場合ですか！」

私の一喝に面食らった父親と、うずくまっている母親を引き離すと、それぞれを落ち着かせるために地域課員が二手にわかれて対応することになった。

ようやく女児を受け入れる病院が決まり、救急車が動き出す。残念ながら、女児は搬送先の病院で医師によって死亡が確認されている。

事件と事故の両面で捜査をするため、女児の司法解剖も行われたが、結果は水没事故による「溺死（窒息死）」で事件は終結した。

女児を発見した当初は、事故よりも事件の可能性が高いと考えられていたが、その後の捜査で事件性は見られなかった。ため池のへりで足をすべらせた女児が、あわてふためいたことで、池の奥底に飲み込まれてしまったのだろう。

その後、女児の両親は離婚したと風の噂で聞いた。

事件13　実験中に大爆発した研究室

「大学構内で火災発生、炎上中」

一報を受けて臨場した大学のキャンパスは、報道陣や野次馬の学生などが集まり騒然としていた。上空では警察や消防などのヘリコプターが何機も旋回中だった。

平成3（1991）年10月上旬、鑑識資器材を両肩に担いだ私は、鑑識係の先輩に続いて現場に張り巡らされている規制線をくぐり抜けた。

出火元は、鉄筋コンクリート造りの校舎5階にある、理科系の研究室だった。階段を使って5階のフロアまでたどり着くと、廊下にはまだ白煙がたち込めている状態で視界が悪かった。プールにまかれる塩素剤のような、鼻を突くにおいも漂っている。

廊下の奥から歩いてきた酸素ボンベを背負い、ガスマスクを装着した消防隊員が、私たちに危険を知らせる。

「警察さん！　まだ研究室にはガスが充満しているので危険です。二次災害が起きる可能性がありますので、完全に鎮火するまで現場に入らないでください」

消防隊の邪魔をするわけにはいかない。私たちはいま来た道を急いでもどり、消火活動が完了するまでの間、校舎の外観などを撮影することにした。

ファイティングポーズ

消防隊は、化学薬品に対応できる泡状の消化剤を散布。やがて白煙はおさまり、異臭も弱まった。私たちは消防隊の調査係とともに、火元の研究室で状況を確認する。

現場は大型爆弾が炸裂したような惨状だった。

柱のコンクリートは大きくひび割れ、表面の大部分が崩れ落ちている。柱の基礎となる鉄筋が、弓状に大きく曲がって飛び出しているところも無数にある。研究室内のありとあらゆる物が、爆風によって吹き飛ばされていた。

突然、消防隊の無線機に「学生2名の所在が未確認」という、緊急連絡が飛び込んできた。その場にいた全員が、一斉に周辺捜索に動き出す。

所在不明の学生が焼け残った「焼燬残渣《しょうきざんさ》」や、瓦礫の下に埋もれている可能性もある。

消防隊員たちは、慎重に掘り起こし作業を進めた。

捜索をはじめて30分ほどが経過したころ、消防隊員のひとりが「発見、発見！」と声を上げた。それは若い男性の遺体だった。

まずは発見された状態のままで写真撮影をする。遺体は片足（大腿部《だいたい》）が爆風で吹き飛ばされており、皮膚や筋肉が引き裂かれ、足の骨がむき出しになっていた。

さらに特徴的だったのは、ボクサーのファイティングポーズのような格好をしている両腕だ。これは焼死体によく見られる現象で、火災の熱で焼かれた筋肉が縮むことで関節も曲がるため、そのような格好になる。顔面はそれほど傷んでいなかった。

数分後、もう一体も別の消防隊員が発見する。片腕がちぎれかけていたが、それ以外は顔面も身体も損傷が少なく、比較的きれいな状態だった。

私たちは遺体の発見場所に「番号札」を置き、さまざまな角度から撮影していく。

鑑識アイテムの代表格ともえいる番号札には、数字、ひらがな、カタカナ、アルファベットなどの種類がある。黒地に白い文字が書かれた2枚の板を山形（逆V字）に組んで、立て看板のようにして使う。

番号札は、実況見分調書や検証調書などに添付する、現場の見取り図や写真の内容を説明しやすくするために多用されている。

遺族の気持ち

現場から発見された2名の遺体は同大の学生で、いずれも20歳過ぎの男性だった。そのほかには、事故の爆風で20代なかばの男性助手ら3名が軽傷を負っている。

学生の遺体を現場から署の霊安室に搬送すると、亡くなったふたりの両親がすでに署内で待機をしていた。事故の一報を聞いて、取る物も取りあえず駆けつけたようだ。

両親たちに遺体の身元を確認してもらう前に、私はふたりの顔や身体を消毒液で丹念に拭った。ふたりとも、遠くを見ているような表情をしている。顔の皮膚にこびり付いた煤や瓦礫の残骸を取り除く。汚れたままの痛ましい姿で、遺族と対面させたくなかった。

霊安室で冷たくなったわが子を確認した両親たちは、その場で泣き崩れて遺体から離れようとしない。

「明日、司法解剖を実施しますので、それまで当署が責任をもって、ご遺体を安置させていただきます」

なんとか説得して、それぞれの遺族に霊安室を退出してもらう。

遺体の身元確認の場面では、遺族が声をあらげて警察に怒りをぶつけることや、霊安室から出ようとせず署員と押し問答になることもある。

遺族の気持ちは痛いほどわかるが、司法解剖が実施されるまで、遺体は現状のままで保存しなければならない。しかし、遺族の中には、遺体の顔や髪の毛に触れて死に化粧を施そうとしたり、腕や手をつかんで合掌の形をつくろうとする人もいる。警察としては、できる限り遺族の感情を傷つけないように配慮するが、遺族の中に被疑者がいる可能性がゼロではないため、遺体に接触をしないように粘り強く説得するしかない。

解剖前に実施される検視の補助も、鑑識係の重要な任務となる。検視作業がスムーズに運ぶようにひとりが補助にまわり、もうひとりが遺体の着衣、所持品、証拠物などをブルーシートに広げてメジャーを当てながら近接撮影していく。

検視が済んだ遺体は署の霊安室で一晩安置され、翌日に司法解剖が行われる。

司法解剖の結果、2遺体ともに死因は「爆死による内臓破裂」だった。解剖が終われば、あとは指掌紋とＤＮＡ資料を採取して、遺体をそれぞれの遺族に引き渡す。

ふたりが爆死した事故は、卒業論文を書くための実験中に起きていた。半導体用の可燃性ガスがなんらかの原因で空気中に漏れ出し、静電気で引火して爆発したという。この爆発火災によって、計4室、約300平方メートルが焼け落ちた。

事件14　7体連続で発見された変死体

日本三大ドヤ街として知られる「あいりん地区」は、貧困と社会的孤立が深刻化しており、変死体が発見されるケースも多い。

この地区を管轄する警察署が1年間に扱う変死体は、大阪府警にある65警察署の中でも常に最多クラス。私がこの署の刑事課に勤務していた20年ほど前から、その状況はまったく変わっていない。

当時はとにかく多忙な日々だったが、あるとき1回の当直勤務中に6件の変死事件が連続発生して、計7体の遺体を処理したことがある。

変死事件の一次対応をするのは所轄の刑事課になるが、同課の中には大阪府警の内規に基づき、次の係が設けられている。

〈司法係、強行犯係、知能犯係、盗犯係、暴力犯係、薬物対策係、鑑識係、引継捜査係、国際捜査係〉

これらの正式な係とは別に、同署の刑事課には、多発する変死事件に対応するため、独自に役割分担された〝班〟が当時は存在していた。

それが強行犯係の中にあった「事件班」と「穏亡班《おんぼ》」だ。

穏亡とは、火葬や墓所の番人などの職業を指す古い言葉で、現在は差別用語として使われなくなっているが、現場では一種のスラングとして班名に使われていた。

変死事件が発生すると、真っ先に臨場するのが鑑識係と強行犯係の穏亡班だ。そして、事件性ありと判断されると、強行犯係の事件班が出動する。

穏亡班には鑑識係の出身者が多く、鑑識活動を鑑識係に代わって行うこともよくある。

だが、当時の刑事課は各係ごとに業務が完全に分断されていた。

「どこの仕事をしとるんじゃ、その事件はよその係やろが。そんなによその仕事をしたいんやったら、うちから出て行け」

他の係の仕事を手伝っていると、このように上司や先輩からしかられたものだ。

当直事件においても、当直が明ければ、本来は事件担当係に事件を引き継がなければならない。しかし、変死事件については、事件性がなければ遺体と所持品の引き取りが完了するまで、当直班が居残って処理するのがどこの署でも慣例になっていた。

当時の穏亡班は、警部補の係長以下、巡査部長と巡査のペアが2組の計5名。出勤してから変死現場に出たままで、退庁時刻を過ぎても帰ってこないことがざらにあった。

身元照会

当直勤務中に扱った6件（7体）の変死事件は、次のようなものだった。

1件目は、通称・タコ部屋と呼ばれる、せまいワンルームの簡易宿泊所を根城にしていた日雇労働者の男性が亡くなったケース。室内に残されたバケツには、鮮紅色の血液が大量に溜まっていた。

喀血《かっけつ》（肺などから血をはき出す）している状況から、男性は結核などの感染症を発症している疑いもある。とくに感染症は死亡直後に感染リスクが高まると医師から聞いたことがあるので、取り扱いには注意が必要だ。この事件以前に、劇症肝炎に感染した救急隊員や、変死事件の現場でウイルス感染した刑事の死亡例なども発生している。

私は鑑識資器材を活用した最低限の感染症対策を施し、見分をするため現場の部屋に足を踏み入れた。

遺体の身元を証明できる公的な資料として部屋の中から出てきたのは、日雇労働求職者給付金（通称・あぶれ手当）の給付履歴などがわかる「日雇労働被保険者手帳」だが、手帳の名義人と男性が同一人物ではない可能性もある。いわゆる〝なりすまし〟だ。

そこで身元不明死体と同様に、十指の指紋と左右の掌紋、ＤＮＡ、歯型などを採取して府警本部に照会をかけることにした。「あいりん地区」では多重債務者などが、他人の身分証明書を無断で使用していることが少なくない。借金の肩替わりや違法薬物の購入代金として、戸籍や住民票、自動車のナンバープレート、クレジットカードなどが取り引きされている。

たとえば軽微な事件で、ニセの身分証明書を持った「身代わりの者」が出頭し、指掌紋の採取に応じた場合、別人のデータが府警本部のコンピューターシステムに登録されてしまうことになる。この身代わり出頭をくり返しながら、ひたすら初犯を装って身柄拘束を避けようとする悪知恵の働く犯罪者も実際にいた。

指掌紋以外の人定の手段には、足紋採取、ＤＮＡ鑑定、歯牙鑑定がある。身元が判明しない遺体には、これらを死因・身元調査法、死体取扱規則などを根拠に実施する。

遺体から指掌紋やＤＮＡ資料を採取すれば、前科・前歴がないことを想定して、在宅指紋や在宅ＤＮＡ資料と照合し、さらには歯科医師会を介して歯牙鑑定などを行い、身元を割り出す。あらゆる手段を講じても身元が判明しなければ、身元不明死体としてデータを保存しながら継続捜査することになる。

簡易宿泊所で発見された男性の遺体は、署の霊安室に搬送されると、すぐに検視が行われた。

男性はうつ伏せの状態で喀血していたため、口腔、鼻腔内に血塊が認められる。遺体の外表にはそれ以外の不自然な点は見られない。本件は事件性が低く、病死の可能性が高いが、ここから先の判断は警察ではなく「監察医」の業務となる。男性の遺体は、「大阪府監察医事務所」（大阪市中央区）に転送された。

大阪市内で発見された遺体は、「監察医制度」の対象となり得る。同制度は昭和22（1947）年に伝染病や栄養失調で死者が相次いだことをきっかけに、公衆衛生向上の目的で導入された。よく誤解されるが、監察医は犯罪捜査を目的とした制度ではない。

現在、監察医は4都市（東京23区、名古屋市、大阪市、神戸市）で実施されており、死因が不明で、なおかつ犯罪に巻き込まれた疑いの低い遺体を検案し、死因が特定できない場合は遺族の承諾が不要の「行政解剖」が行われる。大阪市の場合は、市内にある大学（法医学教室）の医師たちが、当番制で検案や解剖などの監察医業務を担当している。

大阪市の資料によれば、平成30（2018）年の検案数は4772体。そのうち解剖されたのは918体で、解剖率は約19・3パーセント。同市内で亡くなった約6人にひとりを監察医で診断しているという。

本件を検案した監察医は、多量の喀血による窒息および失血が直接死因で、主原因は結核と判断。医師による「死亡診断書」に代わる、「死体検案書」が作成された。

男性の遺体は役所の福祉係がいったん引き取り、遺族に連絡をとって火葬にしたのち、遺骨と所持品などが遺族のもとに返される。

一日一生

2件目は、火災現場から焼死体となって発見された老夫婦だった。夫婦の自宅は5軒長屋のひとつで、車椅子の妻を夫が介護しながら暮らしていたという。

発見された遺体は、夫が妻をかばうように重なっていた。火災に気づいた夫は妻の車椅子を動かして避難しようとしたが、あわてていたせいか、床のくぼみに脱輪させてしまう。

夫は必死になって車椅子をもどそうとしたが、火のまわりが早く、あっという間に煙と炎に飲み込まれてしまったのだろう。ふたりは全身が炭化しており、焼死体特有のファイティングポーズのような状態で発見されている。

本件は他殺の疑いが考慮され、司法解剖が行われた。解剖の結果は、夫婦ともに気管に煤が付着しており、死因は「一酸化炭素中毒」であることが判明している。

現場検証班の見立ても、第三者による放火の可能性は低く、煙草の不始末による失火の可能性が高いというものだった。夫婦の遺体は、妻が利用していた介護施設経由で連絡がついたため、遺族に引き取られた。

3件目から5件目までは、既往症のある高齢者が自宅で倒れたため、家人が消防に救急車を要請。搬送された病院でそれぞれの死亡が確認された「病死」のケースだった。

そして6件目は、5件目の行政完結書類を書き終え、ようやく休憩ができると思っていた矢先の午前2時過ぎに発生した、マンションからの飛び降り事件だった。

「飛び降り」と聞くと、安直に「自殺」と決めつけがちだが、刑事は先入観にとらわれてはいけない。すべての事件をまずは「他殺」と考えて現場に急行する。

現場に着いて「自殺」であることが明らかだったとしても、けっして捜査の手を抜くことはない。自殺の背景にイジメやパワハラ、DV、ストーカーなど、のちに民事・刑事の両面で事件となる問題があるかもしれないからだ。あるいは、最寄りの警察署に何度も相談をしていたというケースもあり得る。

規制線が張られた飛び降り現場に遺体はなかった。現場保存をしていた地域課員にたずねると、救急車が駆けつけた時点では落下した人物の息がまだあったため、近くの病院へ救急搬送されているという。

飛び降りたのは、4階建てマンションの最上階に住む、外国人男性だった。

同居していた友人によれば、男性は就労先の人間関係で悩んでいたらしい。室内からは、男性が書いたと思われる友人宛ての遺書も見つかっている。

遺書は東南アジア系の言語でつづられていたが、署の中にたまたまこの言語を習得している地域課員がいたため、遺書を日本語に翻訳することができた。その内容は、友人の供述とも合致している。さらに、男性本人が本国の両親宛てに書いた手紙を同地域課員に確認してもらうと、遺書と筆跡が類似していることが確認できた。

警察から連絡を受けた友人が勤務先から帰宅したとき、玄関のドアは施錠されており、4階に設置された防犯カメラの映像にも、第三者が関与した事実は認められない。ベランダにある手すりからは、男性の掌紋と、足をかけた際についた足跡が採取できたため、男性は自らベランダを乗り越えたのだろう。

男性は落下中に電線に接触していた。それがクッションとなり即死はまぬがれていたが、衝撃でほとんどの肋骨が折れており、胸部がボコボコしていた。そして、やはり胸部には幅約5センチメートルの電線によってできた圧痕もあったという。飛び降りた男性は搬送先の病院で治療を受けていたが、午前6時過ぎに息を引き取った。

本件について、検視官は事件性が見られず「自殺」と断定。遺体を検案した監察医も同様に「墜落死」と判断している。

午前9時過ぎ、当直明け。前日から続いていた6事件、7変死体の捜査が、ようやく終わりを迎えた。

今回の当直も、様々な人生の最期に出くわした。当直明けの朝につくづく思うのは、人がどういう死に方をするのか、先のことは誰にもわからないということだ。

だから私は一日を一生と見立てて生活をするようにしている。朝、目覚めたら「誕生」と思い、夜、眠るときを「死」と考え、毎日をたいせつに生きる。

一日一生——。

長い刑事生活で身についたこの考えは、私の座右の銘でもある。

事件15　乳幼児突然死症候群

大阪南部にある警察署の刑事課で、私は平成17（2005）年4月から約3年間、盗犯係と知能犯係の事件捜査に従事していた。

その日は、土曜日だった。今夜は当直なので、そろそろ夕食の出前弁当を注文しようかと考えていた夕方5時ごろ、大阪市内にある別の警察署から電話が入った。

用件を聞き終えた主任（巡査部長）が、私に相談を持ちかけてくる。

「救命救急医療センター（別の署の管轄）が、生後7カ月の乳児が死亡したので、検視をうちの署にやってほしいと言うてきたんですけど、あちらの管轄で死亡確認されたんやったら、あちらの署が検視もすべきと違うんでしょうか」

念のため、私は府警本部の検視官室に連絡をして、事案の内容を確認する。その結果、死亡した乳児は当署の管轄内にある自宅で急変し、いったんは市内にある総合病院に搬送されたが、その後に別の署の管轄内にある救命救急医療センターに転送され、そこで死亡が確認されたことが判明した。

この経緯であれば、たしかに当署が検視を依頼されるのは妥当だった。大阪府警には、救急搬送などで病院に収容された変死体は、原因発生地（死亡原因の端緒となった場所）を管轄する警察署が担当する、という取り決めがあるからだ。

SIDS

私は刑事課当直員の主任（巡査部長）と、いつもの検視用の道具と鑑識資器材が詰め込まれている鞄を担いで、乳児の遺体が安置されている救命救急医療センターへ向かう。

死亡した乳児は、女の子だった。乳児の両親はともに30代前半ぐらいの若い夫婦で、母親が救急車に同乗、父親はマイカーで救急車のあとを追いかけてきたという。

女性看護師に紹介された乳児の両親は、ICU（集中治療室）の前にある長椅子に沈痛な面持ちで腰かけていた。ふたりに会話はなく、床の一点をじっと見つめている。そのかたわらには、祖父母らも付き添っていた。

私は両親にあいさつを済ませると、乳児の検視について説明をしようとしたが、すでにふたりはその意味を理解していた。父親は開業医で、母親は医療従事者だった。

両親の話から、乳児の死因が「ＳＩＤＳ」の可能性が高いことがわかった。ＳＩＤＳとは「乳幼児突然死症候群」のことで、主に1歳未満の乳児が、なんの予兆や既往歴もないまま突然死にいたる原因不明の病気だ。

母親によれば、乳児は3日ほど前から微熱があったという。それが事件当日の午後2時ごろに急に高熱となり、痙攣も起こしはじめたため、自宅近くのクリニックを受診。処方された薬を帰宅してから飲ませると、熱が下がり、痙攣もおさまった。しかし、午後4時ごろになって再び発熱。痙攣もかなりの時間にわたって続き、チアノーゼ（呼吸困難などによって皮膚や粘膜が青色や赤紫色になる症状）の出現も認められたため、母親は自宅に救急車を呼んでいる。

そして、救急車に同乗した母親が、乳児を出産した総合病院にカルテがあることを救急隊員に申し出ると、その日はたまたま小児科医が当直でいたことから総合病院へ搬送することになる。ところが、総合病院に到着したころには乳児の容体が悪化。心肺停止の状態となってしまい、小児科医らは強心剤の点滴や心臓マッサージなどで乳児の蘇生を試みたが、総合病院（二次救急）では手に負えなかったようだ。

「もうしわけありません。これ以上は、当院での治療は困難です」

混乱する両親に小児科医が告げたのは、信じられない言葉だった。

その後、乳児は緊急手術も可能な救急救命医療センター（三次救急）に転送され、再び蘇生措置が行われたが、息を吹き返すことはなかった。

解剖の必要性

ＩＣＵのカーテンを締め切り、私たちは乳児の検視を済ませる。乳児の遺体には主だった外傷がなく、総合病院で強心剤の点滴を受ける際にできた、小さな穿刺痕《せんし》（注射針を刺したあと）のみが認められた。

署の当直班長に状況を報告するとともに、署に向かっていた検視官にも連絡する。

「この変死事件は司法解剖すべきで、承諾解剖はなじまないと思います」

承諾解剖とは、監察医制度のない地域（大阪市以外）で遺族の承諾を得て行う解剖のことだ。この時点（遺体の外表を検視しただけ）で事件性の有無を判断するのは早計だと考えた私は、法的強制力のある司法解剖を実施するべきと提案したが、検視官に一蹴されてしまう。

「司法解剖の許可状を請求する必要性がどこにある。ないのと違うか。仮に請求したとしても裁判官から却下されるやろ」

「ためしに請求してみて、却下されたら承諾解剖にしたらよいのと違いますか」

食い下がってはみたものの、検視官は聞く耳を持たない。しかし、のちに当直班長が状況を説明し、最終的な捜査方針は司法解剖でまとまった。

私は司法解剖の決定に、正直ほっとしていた。両親に解剖の有無を選択させるほうが酷ではないだろうか。たしかに、我が子にメスを入れられるのはつらい。当然だ。同じ親として想像しただけで胸が苦しくなる。だが、死因を究明しなければ、捜査に進展は望めない。乳児の死に不審な点があるならば、それを白黒はっきりさせることが本当の意味での供養になるのではないか。

司法解剖は法的強制力があるため遺族の承諾は不要だが、遺族の気持ちに少しでも配慮できればと思い、私は解剖が死因究明の最終手段であることを説明するようにしていた。

乳児の母親が、重い口を開く。

「私たち夫婦は医療従事者ですから、同様のケースは何度も見てきています。私も夫も、解剖して死因を究明してほしいと思います。ただし、どこの病院も責めるつもりはありません。みなさん、娘のために全力を尽くしてくださり、感謝しております」

母親は声をあらげるでもなく、つとめて理性的に話そうとしている。その言葉を聞きながら、となりにいた夫も静かにうなずく。さすが、医療従事者だと思えた。現実を冷静に受け止め、我が子を亡くしたばかりでありながら、悲しみをじっと堪えている。私はそんな両親にかけるべき言葉を見つけられなかった。

署にもどると、罪名「殺人」、被疑者「不詳」の鑑定処分許可状を裁判所に請求。無事に発付されたため、乳児の司法解剖は、翌日の午後2時から実施されることが決まった。

予期せぬ死

生後7カ月の乳児の司法解剖は、約2時間半で終了した。

司法解剖班の班長だった私は、教授から「検案書を作成するので、あとで教授室まで来てください」と個別に呼ばれていた。

教授室に顔を出すと、応接セットのソファーを勧められた。恐縮しながら教授の向かい側に腰をかけると、教授は解剖結果から判明した乳児の死因について語り出す。

「結論から言うと、現代医学ではいまだに原因がわかっていないＳＩＤＳが乳児の死因だと思われます。組織細胞の結果が出るまではたしかなことが言えないので、現段階の死体検案書は死因不詳としておきます」

教授の話をメモした私はいったん教授室を離れ、法医学教室の待合室で葬儀社とともに待機している遺族のもとに向かう。遺族には解剖が終盤にさしかかったころに連絡を入れてあった。

乳児の両親に教授から聞いた話をそのまま伝えたところ、母親が教授との面談を希望。教授の了承が得られたので、両親を教授室へ案内すると、私は退室して外で待つ。

30分ほど経って、教授室から出てきた両親は私に向かって深々と頭を下げた。ふたりは教授の説明に納得した様子だった。

遺体の引き渡しが済むと、小さな棺と両親を乗せた葬儀社の遺体搬送車両が走り去る。私たちは手を合わせて乳児を見送った。

署への帰り支度をしているとき、私のもとに再度呼び出しの連絡が入る。教授室にもどると、教授から追加の確認事項を指示された。

「さっき本人から聞きそびれたんですが、あの子（乳児）の母親に『てんかん』もしくは『ひきつけ』の病歴がないか、たずねておいてもらえませんか。結果は、明日にでも電話で教えてください」

いったん署に帰ってから、私は遺族の自宅へ足を向ける。母親は医療従事者らしく、教授の質問の意図を理解している様子だった。

「教授は遺伝的な要因とＳＩＤＳの関係を考えておられるのでしょう。たしかに、私は幼年期に『ひきつけ』を起こすことが多かったと親から聞いています」

翌日、母親の回答を電話で伝えたところ、教授はこのように答えた。

「親の遺伝子に要因があるのかもしれない。しかし、ＳＩＤＳのはっきりした原因はまだわかってないんですよ」

遺伝的な疾患や原因不明の難病は、産まれてからまもなくして発症することもあれば、成人してから発症することもある。そして突然、予期せぬ死が訪れる。

そのことを考えると、人は生を受けた瞬間から、死の宿命を背負っているような気がしてならない。

わずか７カ月でこの世を去ったあの乳児は、その後の検査でも組織細胞に異常はみられず、検案書の死因は「不詳」のまま変わることはなかった。

事件16　ベテラン看護師の過ち

「カニューレ」という医療器具がある。

これは心臓や血管、気管などに挿入する管のことで、気管を切開して切開孔から気管内に挿入するものを気管カニューレという。

この管が外れ、寝たきりの高齢男性が自宅で死亡する痛ましい事故が起きたのは、私が当直勤務中のときだった。

事故は男性の家族が契約している介護施設の看護師とヘルパー、運転手が男性の自宅を訪問中に発生したという。一部始終を目撃していた男性の妻（60代）の証言や、看護師が作成した訪問介護記録などを参考に当日を振り返る。

その日の訪問介護は、いつもの手順で進められていた。数日ぶりに入浴できた男性は、ベッドの上で気持ち良さそうな顔をしている。

介護を担当する女性の看護師とヘルパー（ともに40代）は経験豊富なベテランだ。妻は安心して夫の世話をまかせていた。

気管切開をしてカニューレが挿管されている男性は、喉につまった痰を定期的に吸引する必要がある。異変が起きたのは、吸引前に気管カニューレの消毒作業をしているときだった。男性が咳き込んだ拍子に、気管カニューレが切開部から外れてしまったのだ。

突然呼吸ができなくなり、猛烈に苦しみ出す男性。あわてふためく看護師とヘルパー。男性の顔色が見る見るうちに変わり、現場の混乱に拍車がかかる。

すぐそばで見ていた妻が、たまらずにさけび声をあげた。

「早く、なんとかして！　お父さんが死んじゃう！」

看護師は現場から介護施設の医師に電話をかけ、指示を仰ぐ。同時にヘルパーは１１９番通報をしている。

看護師は男性の喉にカニューレを挿し込もうとするが、何度やってもうまくいかない。焦りと緊張で手もとが狂う。切開孔の周辺を傷つけてしまい出血も見られる。救急隊が到着したとき、すでに男性は心肺停止の状態だったが、妻は泣きながら懇願した。

「急いで、病院に運んでください！」

男性は通院歴があった総合病院へ搬送され、心臓マッサージや強心剤投与などの措置を施されたが、妻の願いも虚しく帰らぬ人となった。

医師との問答

総合病院から検視の要請を受け、署の刑事課当直員だった私と主任（巡査部長）が、現場に向かう。

私たちが到着したとき、男性の遺体はまだ霊安室に搬送されておらず、処置室のベッドに横たわっていた。

男性は裸に介護用の紙パンツ１枚という格好だった。まさに入浴直後の事故を物語っている。顔面はやや鬱血していて、眼瞼《がんけん》結膜には溢血《いっけつ》点が数個あり、死因が「窒息」である可能性は高いと思われた。

病院内で検視ができる場所を確認しようとした矢先に、病院側から「救急患者が頻繁に運び込まれるので、（男性の遺体は）早めに署の霊安室に搬送してもらえませんか」という趣旨の申し入れがあった。

まるで遺体が邪魔だと言わんばかりの対応に、私は思わず腹立たしさを覚えた。病院にも霊安室はあるはずだ。私は皮肉を込めて返答する。

「本件は医療過誤の可能性もあるので、ご遺体を〝司法解剖〟するかもしれません。念のため、この病院に到着したあとの措置内容を教えてください」

司法解剖は、事件性の疑いがあるときに行う解剖だ。この言葉を刑事である私が口にしたということは、病院が捜査対象のひとつであると言及しているに等しい。もちろん、あくまでも可能性の話だが……。

対応に当たっていた非常勤医師が、怪訝な面持ちで問い返してくる。

「なぜ、解剖になるんですか」

「これから捜査しますので、なにもお答えすることはできません。それよりも、男性のレントゲンやCTは撮られましたか」

「病院到着時にはCPA（心肺停止の状態）だったので、心臓マッサージと強心剤投与だけの治療しかしていません」

医師は憤慨したような口ぶりで答えた。

私は「これ以上、この医師と言い争っても時間のムダだ」と思い、男性の妻に今後の流れについて説明することにした。当初は感情的になって私にも食ってかかってきたが、彼女はしだいに冷静さを取りもどし、話を聞いてくれるようになっていた。

むしろ、おさまりがつかなかったのは男性の長男（30歳前後）だった。母親から事故の経緯を聞くと、怒り狂って病院から介護施設に電話をかけ、こうまくし立てている。

「なんで事故を起こしたやつが、救急車に乗って一緒に来とらんのや！」

興奮して怒鳴りまくっている長男を、母親がたしなめる場面もあった。

「もうええから。なんぼ怒ったって、お父さんがもどってくることはないんやから」

意外な死因

しばらく経って、介護施設の責任者（50代）が、事故当事者の女性看護師を連れて病院へやって来た。ふたりは深く頭を下げ、集まった遺族らに謝罪してまわる。温和そうな人柄の責任者が丁重に対応するも、長男の怒りはおさまらず、一方的に怒鳴り散らしている。このままでは収拾がつきそうにない。当直班長だった私の判断で、責任者と看護師を遺族から隔離した状態で事情聴取を行った。

看護師からは事故当時の詳しい状況を聞き出し、責任者には施設の医師が看護師に指示した内容や、緊急時の対応マニュアルなど関係資料の提出を求めた。長男の介護施設に対する怒りの強さから、本件は刑事と民事の双方で争われる可能性が高いため、施設側が資料の提出を拒否すれば、令状による押収手続きをするつもりだったが、施設側は捜査に全面協力する姿勢をみせている。

その後、私は男性の妻や長男とも話しをしてから、検視官と当直管理責任者に現状を報告。男性の遺体は司法解剖にまわされた。

翌日の午後3時。司法解剖は法医学教室で実施され、私は当直班長兼写真撮影者として立会うことになる。

「この部分をアップで撮影してください」

執刀担当の教授が指し示す場所に、矢印が書かれた札を置いてそれ込みで遺体の一部を近接撮影する。教授が念入りに確認をしていたのは、看護師が外れた気管カニューレを何度も再挿入しようとして傷つけてしまった出血部分だった。

本件が事件に発展すれば、教授も証人として法廷に立つことになる。それを想定したからか、通常は2時間ほどで済む解剖が、このときは3〜4時間ぐらいかけて行われた。

解剖が終わり、いつものように私は教授室で解剖結果の説明を受ける。その内容は意外なものだった。男性の直接的な死因は、看護師が気管カニューレを抜き差ししたことによる窒息死ではなく、内因性の「病死」だというのだ。

病名は急性心不全か、虚血性心疾患だったと記憶している。私が思っていた窒息死でなかったことはたしかだ。

教授によれば、男性の遺体に見られた鬱血と溢血点は、窒息死以外でも急性の心臓死などで出現することがあるという。看護師が外れた気管カニューレをなかなか挿し込めなかった理由についても、わかりやすく説明してくれた。

「切開孔からカニューレが差し込まれているとき、人間の身体をつくっている細胞は、体内に入ってきた異物と同調しようとして増加します。そのため、カニューレの周囲には細胞（肉片）がへばりついて膨隆《ぼうりゅう》（皮膚などの局部的なふくらみ）していますので、それがカニューレを再挿入する際の妨げになったわけです」

さらに教授は、自身の見解を付け加える。

「カニューレを挿し込むのは医療行為なので、本来、看護師にはできません。しかし、私が看護師と同じ立場だったら、やはり同じことをしたと思います。カニューレがなければ気道を確保できませんので、その場の判断で再挿入を試みるのは医療従事者としては当然のこと。これは緊急避難行為だと思いますよ」

私は教授から受けた説明を、男性の遺族にそのまま伝えた。すると妻は納得してくれ、看護師やヘルパーに謝意を示したが、長男の怒りは最後までおさまらなかった。

その後、長男は業務上過失致死の被疑者として看護師を刑事告訴。警察はそれを受理し検察庁に送付したが、その結果は不起訴処分だった。長男が損害賠償を求めて提起した民事訴訟では、施設側と金銭和解をしたという。

事件17　すべてを灰にする火災現場

12月初旬の午前0時ごろ、所轄署の周辺がにわかに騒がしくなる。

私鉄沿線の静かな街に、複数のサイレンが鳴り響く。消防車は警鐘も鳴らしている。これは火事を知らせる合図だ。火災の場合は警鐘つきのサイレン、火災以外の救急、緊急支援などの場合はサイレンのみと、道路交通法などで決められている。

焼け焦げたにおいも、風に乗って漂いだした。

その夜、刑事課の当直班長をつとめていた私（警部補）は、消防本部指令室に電話をかけて、火災の発生場所や状況について照会した。現場は署の西約８００メートルのところにある民家だった。

　まもなく署の地域課基地局からも一報が入る。私は刑事課当直員を連れ立って現場に急行する。

　捜査車両のフロントガラス越しに、黒煙が立ちのぼる現場が近づいてくる。私たちが臨場したときは、火の勢いはだいぶ弱まっていたが、すでに2階建て木造家屋のほとんどが焼き尽くされていた。

　火災現場では、常に放火の可能性を視野に入れて捜査をするのが鉄則だ。現場の周辺と合わせて火事を見学している野次馬の写真も撮影しておく。放火の場合、野次馬の一団に被疑者が紛れ込んでいることもあるからだ。

　第一発見者は火災が発生した家屋の住人で、その家の長男（50歳前後）だった。中肉中背の長男は、自宅が目の前で焼失した割りには、動揺している様子が見られない。第一発見者は被疑者の可能性もあるため、慎重に捜査を進める必要がある。

　長男によれば、自宅の1階で就寝中に石油ストーブあたりから火の手が上がり、それに気づいてあわてて外へ逃げ出したという。そのとき2階には、同居する母親（80代）が寝ていたが、「火のまわりが早くて、助ける余裕がなかった」と供述している。

鎮火するのを待って、私たちは市消防本部の調査係とともに、ほぼ全焼状態となった家屋に立ち入り、現場の見分をはじめる。

1階には雑誌や新聞が積まれた棚があり、大半が焼け焦げていた。すぐ近くには、石油ストーブが置かれていたようだ。柱や壁の燃焼具合から、このあたりが出火場所の可能性が高い。

かろうじて焼け残った階段で2階に上がる。洋間で窓に向かってうつ伏せの状態で倒れている母親の遺体が見つかった。ベランダへ逃げようとしたのか、手足が匍匐《ほふく》前進をするような形をしている。首から下は真っ黒に炭化しているが、顔は窓に近かったせいか、原型をとどめていた。その表情は、なにかをじっと見つめている能面のようだった。

火災の原因は

翌朝から、近隣住民や関係者への聞き込み捜査がはじめられた。

火災で焼けた築30年ほどの木造2階建て家屋は、住居兼プラスチック工場だった。1階に専用機械が設置された工場と事務室があり、2階が住居スペースとして使われていた。

工場は他界した父親から長男が引き継いでいるが、ここ数年は経営に行き詰まり多方面に負債を抱えていた。近所の親戚からも多額の借金を重ねており、返済は滞っていたという。そのためか、長男のことをよく言う人は、ほとんどいなかった。さらに、長男には精神疾患の通院歴があり、死亡した母親とは、ふだんから喧嘩が絶えなかったことも判明している。

それらの状況から、私は長男による放火殺人の疑いがあると考え、長男を重要参考人として署に任意同行。取り調べに入った。

その一方で、火災現場の検証（通称・掘り起こし）も進められている。

掘り起こしのときは、灰になった証拠物の破壊と受傷事故に注意が必要だ。とくに、屋根瓦が風に飛ばされて捜査員を直撃するケースや、炭化した床面が抜け落ちてしまうケースがあるため、慎重な作業が求められる。

結局、1階に置かれていた石油ストーブの周辺には、油系の反応がなく、長男の着衣にもそれらは認められなかった。

掘り起こしに立ち会った科学捜査研究所の研究員は、出火の原因を「電気配線がショートした可能性が高い」と推定している。火災現場は証拠がすべて灰になってしまうため、出火部分は判明するが、よほど確実な物証や証言がない限り、出火の原因は推定で判断するしかない。

母親の遺体は司法解剖の結果、煤が付着している気道などに生活反応が認められたことから、死因は「一酸化炭素中毒」と断定されている。

火災の原因と母親の死因が、ともに本件が事故であった可能性を示唆しており、「火のまわりが早くて、母を助けることができなかった」という長男の供述と矛盾するものはなかった。

グレーのまま

当直の時間帯に発生した変死事件は、当直が明けると主管課に引き継がれる。

事件性が考察される場合は、署の強行犯係の捜査員が動き、社会的反響の大きい重大事件であれば府警本部が動くことになる。本件火災はそのどちらでもない。長男の具体的な供述がない限りは、放火も殺人も立証することは困難だった。

事件の翌日には、早くも現場周辺でこんな噂が広がっている。

「長男が保険金目当てに放火して、母親を殺したんや」

母親側の親戚が近所で吹聴したため、その噂はたちまち近隣住民の間を駆けめぐり、私の耳にも届くことになった。

そうした風評もあってか、保険会社の調査員もたびたび来署している。本件が放火や殺人であれば、保険金は当然支払われない。保険金の有無は、会社の収益にかかわるので慎重になっているのだろうが、その調査に警察が協力して捜査情報を開示する義務はない。

むしろ、保険契約の種類や多額の保険金契約は犯行の動機となり得るため、保険会社は捜査協力を求める対象になる。

捜査を担当している強行犯係は、長男の通院先への照会なども行ったが、長男を被疑者とする決め手はなかった。現場からの応援要請を受け、府警本部の捜査第一課も長男の取り調べを再度実施したが、事件は〝グレー〟のまま終結している。

その後、母親の死亡保険金が長男に支払われた。保険は事件以前に契約され、長期にわたって保険料が支払われており、保険の金額もさして高額ではなかった。この点だけを見れば、長男による保険金目的の計画的な放火殺人とは言えないのかもしれない。

一方で、この親子は日頃から喧嘩をくり返しており、衝動的に犯行に及んだ可能性もある。棚の上に積まれていた雑誌や新聞紙にライターで着火すれば、灯油やガソリンなどの可燃油を使わなくても、1階はたちまち火の海になっただろう。

あるいは、電気系統からの出火に気づいたが、日頃からいさかいが絶えない母親をあえて見殺しにした、未必の故意があったのかもしれない。

これはあくまでも私個人の推測に過ぎないが、署に任意同行されてきた長男が開口一番にはき捨てるように発した、「自分で家に火をつけて、母親を殺したりはしませんよ」という言葉と、こわばった表情が私の中でずっと引っかかっている。

事件18　3人が生き埋めになった採石場

平成21（2009）年、8月下旬。うだるような暑さの中、2台連なった覆面パトカーが、大阪府と奈良県の県境に急行していた。けたたましいサイレンの音が、夏空と山あいにこだまする。

途中、トラロープ（規制線）で府道が封鎖されていた。道路わきには奈良県警のミニパトカーが停めてあり、その横には炎天下の中で立番をしている同県警の若い地域課員の姿があった。現場保存をするために、捜査関係者以外の立入りを規制しているのだ。

先頭車両の後部座席に乗っていた私は、窓を開けて大汗の地域課員に声をかける。

「おつかれさまです。大阪府警の村上と申します。現場はどこでしょうか。うちの管轄内かもしれませんので確認に来ました」

地域課員が前方を指差しながら、「この道を200メートルほど直進した右手が現場です」と答える。

私たちの覆面パトカーは、再び赤色回転灯を点灯させて発進。しばらくすると、山肌を削った採石場に、奈良県警の捜査車両が数台停まっているのが見えた。

崩落がきっかけ

現場の採石場は、所轄署の管轄の外れに位置していた。署から臨場するのに捜査車両を緊急走行させても、たっぷり30分も要した。

強行犯係の刑事課長代理（警部）を指揮官として、強行犯係の4名、警備課員、生活安全課員、そして鑑識係の私を含めた計8名が現場に降り立った。所轄の各課が出そろったのは、第一報の時点では事故の詳細が不明だったからだ。崩落によって死者が出れば変死事件となるため刑事課が主体で動くが、崩落が自然災害であれば付近住民の避難が必要な警備事案となり、違法掘削であれば許認可の窓口である生活安全課の担当となる。

事件を認知したのは、その日の午前10時過ぎ。府警本部の刑事部刑事総務課（現在は検視調査課）の検視官室から、強行犯係に次のような電話連絡が入った。

「奈良県との境界あたりで崩落事故が発生しました。すでに現場には奈良県警が到着していますが、どうやら大阪府警の管轄内のようなので至急臨場してください」

詳細がわからないまま駆けつけた私たちは、先着していた奈良県警の捜査員から事故の概要を聞くことにした。それによれば、大型のショベルカーで山の斜面を深くえぐる作業をしていた午前9時40分ごろ、幅数十メートルにわたって崩落が発生。3名の作業員が重機ごと土砂に飲み込まれたという。

事故の目撃者が、隣接する奈良県警の管轄内から通報したため、奈良県の警察と消防が動くことになる。しかし、現場は大阪府警の管轄内にあるため、奈良県警は府警本部に通報している。本件の第一報が、府警本部経由だったのはそのためだ。

少し遅れて府警本部からも捜査第一課や検視官、機動鑑識班、生活安全部、警備部、広報課、通信部も出動してきた。

現場は警察と消防の関係者であふれかえっている。セクションの垣根を越えて、みなが最優先すべきは生き埋めになった作業員の救出だが、土砂のどのあたりに作業員が埋まっているのか見当もつかない。崩落現場は素人目にも再び崩れそうな地層をしている。二次災害の危険性もあり、誰もが容易には近づけない状況だった。

そこで頼りになるのが、府警本部の刑事部鑑識課に所属する2頭の警察犬だ。2頭はジャーマンシェパードという大型の犬種で、〝鼻の捜査員〟として現場に放たれた。

班長と相棒

首輪からリードを外された2頭が我先にと走り出し、土砂の山をクンクンと嗅ぎまわる。数分後、別々の地点をぐるぐると旋回していた2頭が、それぞれ吠え出す。早くも生き埋めになった3名のうち、ふたりの居場所を特定したようだ。

ハンドラー（訓練士）を兼務する警察犬係のベテラン班長（警部補）が、2頭の首もとをひとしきりなでたあと、残りのひとりを探すように指示を与える。

警察犬たちが再び捜索をはじめたが、途中、1頭が山の湧き水でできた水溜りにはまってしまい、抜け出せなくなってしまった。警察犬は前足を使って必死にはい上がろうとするが、そのたびに足場が崩れて水溜りに引きもどされる。すり鉢状の水溜まりは、まるで蟻地獄のようだった。

仲間の窮状を見ていたもう1頭が、かたわらまで走り寄り「キュン、キュン」と悲しげに喉を鳴らす。

たまりかねた警察犬係の班長が、まわりの制止を振り切って〝相棒〟のもとに向かう。

「危ない、もどれ！」

「行ったらあかん、自殺行為や！」

現場にいた捜査員と消防隊員が口々にさけぶ。身動きが取れなくなった警察犬がいる水溜りは、いまにも崩落しそうな山の斜面の真下にある。土砂が雪崩れのように襲ってきたら、班長も警察犬も一巻の終わりだ。しかし、班長は少しも躊躇《ちゅうちょ》することなく危険な水溜まりに飛び込んだ。

消防のレスキュー隊がそれを見かねて救助に駆けだそうとしたとき、ずぶ濡れになった班長が〝相棒〟を抱きかかえて水たまりからはい上がってきた。班長の勇気ある行動が警察犬の命を救ったのだ。

「よかったなぁ、危ないとこやった」

みんなが班長に声をかけた直後、斜面の土砂がまた崩れ落ちた——。

このときの状況は、いまでも思い出すことがある。班長の咄嗟《とっさ》の判断が、正しかったかどうかは私にはわからない。二次災害の危険性を考え、たとえ警察犬を見捨てることになったとしても、誰もなにも言わなかっただろう。

だが、目の前に助けられる命があれば、我が身を犠牲にしてでも救出に行くのが、警察官を志願した人間の本能だと思う。

全員発見

現場の警察と消防が一緒になって、警察犬が指し示した地点をスコップで掘り返していたが、捜索範囲の広さと足場の悪さもあり、作業が思うように進まない。人力だけでは時間がかかりすぎる。そこで民間会社に依頼して、油圧ショベルがついた大型の採掘機を運び込むことになった。

トレーラーの荷台に積まれた採掘機が現場に搬入されたのは、事故発生から6時間ほどが経過したころだった。もはや、生き埋めになった作業員の生存は絶望的だが、奇跡を信じて救助活動は続行される。

警察犬が吠えた場所を、採掘機で慎重にすくい上げていく。最初のうちは大きく掘り進み、だんだんと範囲を小さくしていく。最後は私たちがスコップと手を使って掘り進める。やがて生き埋めになった作業員の姿が、土砂の中から徐々に見えてきた。

残念ながら、薄いグリーンの作業服を着た3名は全員が死亡していた。最初に発見されたふたりは、ショベルカーの操縦席に乗ったままの状態だった。作業中に土砂崩れが発生し、あっという間に土砂に飲み込まれてしまったのだろう。ショベルカーごと、ぺしゃんこにつぶれていた。

警察犬が最後まで嗅ぎわけることができなかったひとりも、ショベルカーの近くで見つかった。山の斜面を背にして、前方につんのめるような姿勢で地面に埋もれている。逃げている最中に、背後から大量の土砂に襲われたのだろう。

空を見上げると、報道機関のヘリコプターが数機、旋回していた。上空から崩落現場や遺体を撮影していることは明らかだったため、数名で特大のブルーシートを広げて臨時の屋根を張り、その下で3体の検視が行われた。

翌日、実施された司法解剖の結果、作業員の死因は土砂による「圧死」、および土砂の吸引による「窒息死」と判断されている。

事件19　全裸女性がまさかの飢餓死

「緊急車両が走行します！」

付近の車両や通行人に呼びかけながら、捜査車両が駆け抜けていく。助手席の私は、赤信号の交差点を通過するたびに、車外スピーカー用のマイクで注意喚起のアナウンスをくり返す。私たちは通報のあったマンションへ急いで向かっていた――。

その日は、5月の大型連休中の当直だった。

勤務開始から1時間ほどが経った午前10時ごろ、署の地域課・無線基地局から刑事課に内線電話が入る。

当直の班長（警部補）だった私が受話器を取り上げると、基地局の係長（警部補）が「変死の検視要請です！」と通報内容を手短に伝えてきた。

「3階の部屋から異臭がするという苦情を受けたマンションの管理人が、119番通報。臨場した救急隊員が、室内でかなり腐敗している全裸の死体を発見したため、うちの署に連絡がありました。部屋の契約者は若い女性で、玄関のドアは施錠されていなかったそうです」

変死体の発見状況から、本件は強姦殺人や強盗強姦殺人（現在の強制性交致死か強盗強制性交殺人）の可能性もある。今夜の当直でペアを組む主任（巡査部長）も、同じことを考えているようだった。

当直の管理責任者である署長代理（警部）に通報の概要を報告すると、私たちは鑑識資器材を捜査車両に積み込んだ。

現場は署から北方約1キロメートルの地点にある、4階建てのマンションだった。

ビールと梅干し

現場にはまだ規制線が張られていなかった。どうやら、地域課員より先に到着したようだ。マンションの1階に住む男性管理人（60歳前後）が私たちの存在に気がつき、捜査車両を救急車のとなりに誘導してくれた。

私と主任はすぐに変死用のエプロンやヘアキャップ、マスク、ゴム手袋、足カバーなどを装着すると、3階の部屋へ向かう。廊下を歩きながら聞いた管理人の話によれば、居住者（女性）は風俗店に勤務する20代のホステスだという。

3階に着くと、フロア全体に異臭が漂っていた。少し遅れて臨場した地域課員に、「3階の通路を立入禁止ロープでシャットアウトしてください」と指示すると、私は女性の部屋の玄関前で立ち止まる。そして、ドアノブに手をかけたところで、いったん動作を止めて小さく息をはき出す。よし、行くぞ。自分自身に言い聞かせると、私はドアノブをゆっくりとまわしながら手前に引いた。

すると間髪を入れずに、肉と魚と卵が同時に腐ったような異臭が襲いかかってきた。

この強烈なにおいは、間違いなく〝死臭〟だ。すぐさま全身にまとわりついてくる。あまりの濃度に、目が染みて痛くなるほどだった。室内をのぞくと大量に発生した蝿《はえ》がブンブンと飛び交っている。

死臭の一撃を食らった管理人は、いまにもはき出しそうな様子だった。私は真っ青な顔をしている管理人に、助け舟を出す。

「これから現場を見分します。本来は立ち会いをお願いしなきゃならんのですが、この状況ですので、とりあえず1階の管理人室で待機しておいてください」

立ち去る管理人を見送ると、私は室内に一気に踏み込んで、キッチンや浴室の換気扇をまわす。そして、施錠確認の撮影を終えた窓を、すべて開け放つ。これで部屋に充満していた死臭は幾分緩和されるが、まだまだ目に染みるレベルだった。あとは部屋の空気が入れ替わるまで待つしかないが、そんな悠長にかまえてはいられない。

死臭を中和するために線香を束で焚くこともあるが、本件は府警本部の機動鑑識班が臨場予定のため、それもできない。殺人の疑いがあれば現場は微物まで根こそぎ採取され、遺体は司法解剖にまわされるため、線香の灰や香りが検証の邪魔になる可能性があるからだ。いまはこの状態をがまんしながら、自分たちの捜査を進めるしかない。

女性の全裸遺体は、リビングの真ん中に置かれた炬燵《こたつ》に入りながら、机に突っ伏して寝ているような状態で亡くなっていた。

遺体の周辺には死後の血液就下《けつえきしゅうか》により、腐敗した血液が体外にまで染み出ていた。どす黒い体表面には、大量の蛆虫《うじむし》がはいつくばってピチピチと音を鳴らしている。蠅と蛹《さなぎ》の死骸も大量に見られる。その状況から、蠅の生態サイクルが何度もくり返されていることがわかる。

私は遺体に触れないように注意しながら、子細に観察してみた。高度に腐敗した遺体の顔面は「黒鬼」のようだった。遺体の表面は腐敗が進むと、青→赤→黒と段階的に変色していく。そして一様に鬼のような形相になるため、鑑識現場ではそれらを「青鬼」「赤鬼」「黒鬼」と呼んでいる。

コタツの天板には、ビールの空き缶がいくつも転がっていた。酒のあてなのか、塩や梅干しが乗った小皿もある。女性は家飲みをしている最中に、絶命したのだろうか。

私はキッチンにある冷蔵庫も開けてみた。中身は缶ビールと梅干しだけで、ほかの食品類はなにも入っていない。生活感の欠けらすらない冷蔵庫だった。

女性の私物と思われる携帯電話の通話履歴を調べてみると、男性名義で登録されている電話番号の不在着信だけが残っていた。この番号の持ち主が、女性の交友関係者である可能性が高いため、署にその電話番号を伝えて照会してもらうことにした。

ピンク歯

しばらく所轄の私たちだけで現場見分をしていると、府警本部から検視官（警部）が駆けつけてきた。ここからは検視官が検視をするため、私たちは補助にまわる。

検視官が遺体と周辺状況を、あらためて点検していく。

遺体の発見時、炬燵の電源は入ったままだった。設定温度は「弱」であったが、炬燵の中に長時間入っていた下半身は体内の水分がすっかり蒸発。燻製肉のように表面が皺だらけになって黒ずんでおり、一部にはミイラ化もみられた。

検視官が突っ伏していた遺体を仰向けにしたとき、「あっ」と声を漏らした。

「これあかん、ピンク歯やわ」

それを聞いて私も遺体を確認してみた。たしかに歯がピンク色に染まっている。

ピンク歯は、絞殺、扼殺死体によく見られる現象だ。首を絞められた被害者は血管が破れるぐらいりきむため、歯茎からの出血が歯牙の中まで浸透し、全体がピンク色になる。

つまり、ピンク歯は、誰かに殺された可能性を示唆している。

私は検視官にたずねた。

「この遺体は司法解剖ですね。解剖用の鑑定処分許可状と、現場用の検証許可状を裁判所に請求しておきます」

「そやな。当直管理責任者にも、そのように報告しといて。法医学教室と（府警本部の）一課には、わしから連絡を入れておく」

翌日の午後、司法解剖が行われた。その結果は意外なものだった。胃や腸の中がほとんど空っぽの状態であることが判明した女性の直接死因は、「不完全餓死」による心肺停止と判断されたのだ。

耳慣れない「不完全餓死」とは、どういうものなのか。府警本部から問い合わせがあったので、私は解剖時に執刀医から聞いた話をかいつまんで説明した。

「餓死は大別すると胃袋になにもなくて衰弱する『完全餓死』と、わずかに食物を摂取しながらも衰弱する『不完全餓死』の2種類があるそうです」

飢餓死といえば、食糧事情の悪い発展途上国が抱える問題で、〝飽食の国〟といわれる日本とは無縁と思われがちだが、この国でも飢餓死とみられる死者が年間に数十人（厚生労働省の人口動態統計）は出ている。

なお、検視時に確認された絞殺死体によく見られる「ピンク歯」については、腐敗による血液就下が原因で頸部圧迫によるものではないと結論付けられている。

司法解剖のあと、私は検証官としてこの変死事件を引き続き担当した。

女性と交友関係があった男性は、署の強行犯係が任意で事情聴取をしたところ、彼には完璧なアリバイがあった。

別の交友関係者からの聞き込みによれば、女性はふだんから自宅では全裸でいることが多く、精神疾患の既往症もあるという。勤務先の風俗店では勤務態度が悪く、無断欠勤や給料の前借り分を返済しないなどの理由で、すでに解雇されていた。女性は亡くなった時点では無職であり、収入もほとんどなかったようだ。これらの状況からも、本件の事件性は低いといえるだろう。

しかし、この変死事件は「不完全餓死」にいたるまでの経緯に不明確な部分があるため、「病死疑い」で継続捜査となり、関係記録がいまも保管されている。

第3章

自殺

事件20　高層マンションからの飛び降り

平成２（１９９０）年ごろの秋も深まりつつあったころ。その日の当直勤務は、朝から事件が切れ間なく発生していた。

午前中は空き巣狙いの被害申告が多数あり、私は所轄署刑事課の新米鑑識係（巡査）として現場をはしごしていた。昼過ぎからも、地域課員による緊急逮捕で法的手続きを急がなくてはならない身柄拘束の事件が複数あり、まさに目がまわるような忙しさだった。

当直勤務のときは、夕食が深夜０時を過ぎることもざらにある。この日は業務に追われて昼食すら食べることができずにいた。当直の夜は長い。事件の処理が一段落したら昼と夜を兼ねた食事を済ませ、少しは仮眠を……と淡い期待をしていたが、それを打ち消すように刑事課当直室の電話が鳴り出した。

受話器を持ち上げた私は、聞き取りした内容を当直室の全員に伝えるため、あえて大きな声で復唱する。

「高層マンションで飛び降り自殺が発生！　身元は不明！」

その電話は、地域課基地局からの出動要請だった。また今夜も、一睡もできない当直勤務となりそうだ。

高層階から落下

現場は署の北方4キロメートルほどにある、20階建てのタワーマンションだった。私を含む刑事課当直班の約半数が臨場している。

夜も更けて、現場はかなり冷え込んできた。マンション周辺に吹き荒れる強いビル風にあおられると、なおさら寒く感じる。冬の足音は、すぐそこまでせまっていた。

遺体が落下した場所は、マンションの駐車場付近だった。捜査用に確保された動線からはみ出ぬよう、慎重に歩みを進めて遺体に近づく。アスファルトの地面にできた大きな血だまりの中心に、ふだん着姿の男性（20代後半）がうつ伏せの状態で横たわっていた。手足はコンクリートに打ち砕かれて、不自然な向きにねじ曲がっている。ぐちゃぐちゃに割れた頭蓋骨からは、ウニと卵豆腐を混ぜてピンク色に染めたような脳みそが飛び散っていた。

ゴム手袋をした手で遺体のポケットを探ってみたが、男性の身元を確認できる所持品は見つからなかった。そこで、深夜の時間帯ではあったが緊急事態のため、地域課員がマンションの各部屋に聞き込みにまわる。すると飛び降りた男性が13階の住民であることがすぐに判明。同階を重点的に捜索すると、渡り廊下に放置されている鞄が見つかり、そのなかにあった病院の診察券から男性の身元が割れた。

さっそく、男性の氏名や生年月日などで府警本部に照会をかけると、男性は家族から家出人捜索願が出された手配中の人物であった。現在、精神疾患で治療を受けており、過去にも自殺未遂をはかっているという。

身元の次は、男性が飛び降りた場所を特定することが捜査の定石となる。私は鞄が置かれていた渡り廊下の手すりを中心に、男性の遺留指掌紋の検出作業に取りかかる。アルミニウムなどを付着させる粉末法を実施したところ、手すりからめぼしい掌紋の検出に成功。男性の左掌紋と特長が一致した。さらに同じ場所で認められた足跡も、男性が履いていた靴の底と類似している。これらの証拠により、男性が飛び降りた場所は渡り廊下と断定された。

むかしの映画やドラマなどでは、飛び降りた場所に靴がそろえて置いてあるシーンをよく見かけたが、実際の現場では靴を履いたまま飛び降り自殺をするほうが圧倒的に多い。男性の遺体は署に搬送されたのち、別の当直員が検視を行っている。

飛散した脳みそ

頭蓋骨の割れ方や、脳みその飛び散り方からみて、男性は落下中にどこかに頭部を打ちつけている可能性が高い——。

遺体の損傷具合からそう推測した私は、渡り廊下の手すりから身を乗り出して階下をのぞいてみる。すると1階の出入り口付近に設置された、集合ポストの屋根が目についた。マンションの壁面より、3メートルぐらいせり出している。

ひょっとしたら、あのコンクリート製の平屋根に頭をぶつけたのかもしれない。

エレベーターで2階まで下りると、私は1階の平屋根に飛び移る。そして、屋根を隅から隅まで見分してみると、角のあたりに頭皮と毛髪、脳みその一部らしき組織片が付着していた。やはり、男性は着地する前に屋根に激突していたのだ。

マンションの管理人から提供された防犯カメラの映像を確認すると、男性が飛び降りた瞬間は記録されていなかった。念のため、今夜録画された映像をすべてチェックしたが、不審な第三者が映り込んでいることもなかった。地域課員の聞き込みでも、男性の部屋がある13階で誰かが争う物音を聞いたという住民は皆無だった。

さらに男性の部屋を調べたところ、厭世《えんせい》と悲観に満ちた文章がつづられた〝手書き〟の遺書も見つかった。

私の経験では、遺書は手書きのほうが多かったが、なかにはパソコンやワープロで作成（印字）されたものもある。その場合、筆跡鑑定ができないため、本人が書いたものかどうかは特定できない。仮に本人が所有するパソコンに遺書のデータがそっくり残っていたとしても、第三者が関与している可能性がゼロではないため、あくまでも参考扱いの遺書となり捜査は継続される。ちなみに、遺書が記されている用紙は、手紙用の便箋よりも、ノートやチラシの裏面などの「白紙」が多かった。

本件は手書きの遺書があり、なおかつ、周辺捜査においてもとくに不審な点がなかったため、男性単独による「飛び降り自殺」と断定された。

これにて、一件落着。署にもどった私は椅子に座ってぐったりとしていた。夜はとっくに明けており、まぶしい朝日が降り注いでいる。あとは当直の引き継ぎを待つばかり……

のはずだったが、本件は思わぬ展開をみせはじめる。

朝の通勤、通学の時間になった途端、飛び降り自殺のあったマンションの住民から「苦情電話」が殺到したのだ。

「出勤しようとしたら、飛び降りた人の肉片のようなものがクルマにへばりついているやないか。警察の責任でなんとかしろ！」

「人間の脳みそがついたクルマなんか気持ち悪くて、もう乗れないやろ。警察がクルマを弁償しろや！」

こうした電話のほとんどは、どこの誰とはけっして名乗らずに、一方的に言いたいことだけを言って勝手に切る。クルマに付着した肉片を嫌悪する気持ちは理解できなくもないが、不測の自殺で警察に損害賠償を求めるのは、さすがに筋違いだ。

飛び降り自殺をした男性も、わざと脳みそを飛散させたわけでもあるまい。強風の影響などで、たまたま屋根の出っ張りにぶつかっただけだろう。男性も肉片が付いたクルマの所有者も、おたがいに不運なケースだったとしか言いようがない。

苦情電話の嵐が過ぎ去ると、私はひとりで現場にもどった。野次馬だらけの状況を想像していたが、駐車場に人影はなく、ひっそりとしていた。

すでに通勤などで出かけたあとなのか、住民のクルマがぎっしりとならんでいた駐車場には、空いたスペースが目立つ。残っているクルマを1台ずつチェックしていくと、ルーフやボンネットなどにピンク色の小さな肉片が、ところどころに付着していた。

私は白い布製の手袋の上に、さらに変死用のゴム手袋を重ねると、ネバネバしている肉片をひとつひとつ手で拾い集める。肉片といえども、無断で破棄するわけにはいかない。集まった肉片は亡くなった男性の遺族に返還するのが原則だが、遺族に拒否された場合は遺体を保管している葬儀社に引き渡すことになる。

事件21　高度に腐敗した首吊り死体

密室に放置された変死体は、気温の高い時期のほうが発見されやすい傾向にある。日本の夏のような高温多湿の環境だと遺体の腐敗が早く、遺体の発する強烈な死臭（腐敗臭）がまわりへの〝変死サイン〟になるからだ。

その事件の発覚も、真夏の夜だった。

数名を通常逮捕した事件などが重なり、深夜になっても刑事課の当直員たちは業務に追われていた。そこに追い討ちをかけるように110番通報の知らせが届く。咄嗟に見た腕時計の針は、午前1時を過ぎていた。

通報の内容を聞いた私は、思わず顔をしかめる。2階建ての文化住宅（木造の棟割りアパート）で暮らす住民からの一報は、壮絶な現場であることを物語っていた。

「真上（2階）の部屋から異臭がするなぁと思っていたら、何匹もの蛆虫《うじむし》がぽつぽつと天井から流し台に落ちてくるようになりました。気持ち悪いので2階へ様子を見にいき、玄関から何度か声をかけましたが返事はありません……」

この状況から推測すると、2階の住民はすでに亡くなっており、その遺体が高度に腐敗している可能性が高い。しかし、事件や事故に巻き込まれている可能性もゼロではないため、現地に赴いて直接確認するのが、私たち所轄捜査員の仕事だ。

刑事課当直班の係長（警部補）と私（巡査）、人手不足のため急きょ駆り出された会計課員（巡査部長）の3名で現場に向かうことになった。飛び入り参加の会計課員は、会計以外の業務はほとんど経験がなく、変死事件の現場はこのときがはじめてだという。

私たちは署の遺体搬送車両（ワンボックスカー）に乗り込んだ。ガタガタと揺れる車内で、緊張した面持ちの会計課員が誰とはなしにたずねる。

「あのう……現場に着いたら、ボクはなにをすればいいですか」

「ご遺体を運び出すときは力仕事になるので、そのときに手伝ってください」

私の口から出た「遺体」という言葉に、会計課員の顔がさらに青ざめた。

奇怪な音

現場に到着した私たちは、さっそく検視用の装備に着替える。

ヘアカバーにマスク、ゴム手袋、足カバーを各自で装着したら、最後に水色のビニール製エプロンを取り出す。長袖で丈がひざまである割烹着のようなこのエプロンは、現場ごとに使い捨てる「変死用」のエプロンだ。背部に結び目が2カ所あるため、装着時は捜査員がおたがいに結び合う。

現場の木造アパートは年代物だった。完全防備の私たちが階段を昇るたびに、木のきしむ音が聞こえる。2階の部屋に近づくと、肉と魚と卵が同時に腐ったような死臭が、マスクを透して鼻腔に入り込んでくる。それは接近者を拒む結界のようだ。

玄関先に立ち、ドアをノックしたり大きな声で呼び掛けてみたが、部屋の中から反応はない。ためしにドアノブをまわしてみたが、ドアは施錠されていた。

そこで私たちはいったん1階へ下りて、通報者の部屋の台所を見せてもらった。通報通り、流し台でうごめいていたのは、天井の隙間から抜け落ちてきた数十匹の蛆虫だった。蛆虫は体長5ミリメートルぐらいで、丸々と成長している。どうやら、2階の遺体は腐敗がかなり進んでいるようだ。一刻も早く、室内の状況を確認する必要がある。

再び2階へ。私たちは家主の了解を得て、バールでドアをこじ開けることにした。ドアの鍵は少し手間取ったが、壊すことができた。

先頭にいた私がゆっくりとドアを開け、部屋の中に踏み込もうとした瞬間、強烈な死臭に押しもどされた。においの濃度がこれまでの比ではない。心が折れそうになる。私は長年打ち込んでいる柔道流で気合を入れ直すと、意をけっして死臭の中に飛び込んだ。

真夏に締め切られていた室内は、サウナのような状態だった。室温は50度近くありそうだ。すでに汗だくの全身から、さらに汗が滝のように流れ落ちる。

部屋のつくりは台所付きの6畳ワンルームと聞いていたが、真っ暗でなにも見えない。

私は暗闇の中を手探りで照明のスイッチを探す。なんとかみつけたスイッチをオンにしてみたが、部屋の明かりが点かない。何度かスイッチを切り替えてみたが反応なし。のちに電気メーターで確認したところ、この部屋の電気はすでに止められていた。

暗闇のままでは仕事にならないため、いつも携行している強力な懐中電灯を鞄から取り出そうとしたとき、ふと、部屋の奥で奇妙な音が鳴っていることに気づいた。

――プチッ、プチプチッ、プチッ。

なんやろ、この気味が悪い破裂音は――。懐中電灯を点灯させた私は、おそるおそる音が鳴る方向をライトで照らしてみた。

あっ！　あまりの衝撃に息が止まりそうになった。目の前に顔面が蛆虫だらけの首吊り死体が浮かび上がってきたのだ。

「い、遺体、発見！」

後方にいる係長に伝えると、私はさらに遺体に近づいてみた。すると、あの音がはっきりと聞こえてくる。音の正体は、蛆虫たちが遺体から湧き出るようにひしめき合う音だった。「カサカサ」や「シャリシャリ」といった小さな摩擦音は別の現場でも聞いたことがあるが、今回のような奇妙な音ははじめて耳にした。

遺体に群がる蛆虫

つなぎ合わせたネクタイで首を吊っていたのは、この部屋でひとり暮らしをしている男性（50代）だった。細身の男性は、ランニングにステテコという肌着姿で絶命していた。押し入れの鴨居にひっかけてあるネクタイは、男性の頸部を切り裂くように食い込んでおり、頭部がいまにも脱落しそうだった。ネクタイは地味な茶系の色をしているが、これは遺体の腐敗汁で染まったものだろう。近くには踏み台にした椅子が転がっていた。

男性の顔面を確認すると、左右の眼球は跡形も無くなり、そのくぼみには蛆虫があふれかえっていた。皮膚の中をうごめいている蛆虫もいる。鼻孔や耳介の周辺では、さらに大きな蛆虫が動きまわっていた。

特徴的だったのは、大きく開けたままになっている口の形だ。

まるで、「ムンクの叫《さけ》び」みたいや――。

その様子を見て真っ先に思い浮かんだのは、ノルウェーの画家エドヴァルド・ムンクが描いた有名な絵画だった。

口もとを照らした懐中電灯のライトに驚いたのか、無数の蛆虫が口からこぼれ落ちた。

ぱらぱらと畳の上に落下した蛆虫は、全身をくねらせながらはいずりまわっている。

腐敗は通常、雑菌が多いとされる大腸や小腸がある下腹部からはじまる。首吊り状態で発見された男性の遺体も、下腹部が腐って内臓の一部が体外に飛び出ており、溶けた蝋《ろう》のようにドロリと垂れ下がっていた。

ややのばした状態のつま先から滴り落ちたのか、周囲の畳は血液などの腐敗汁で赤黒く染まっており、そこにも大量の蛆虫が群がっていた。蛆虫のサイズは遺体のものより2倍近く大きく、体長が10ミリメートルほどに成長している。

蛆虫の蛹《さなぎ》や成虫（蠅《はえ》）の死骸も多数あるため、生態サイクルが何度もくり返されていることがわかる。つまり、死後数日が経過しているということだ。

よく見れば、部屋の窓には黒々とした大きな蠅がびっしりとたかっていた。

密室での自殺

遺体の腐敗がここまで進んでしまった原因は、現場の「異様な状況」にある。

2カ所ある部屋の窓は、四隅まできっちりと目張りしてあり、壁やトビラの小さな隙間にもガムテープで封がされていた。

私たちが破壊した玄関のドアにはメインのシリンダー錠に追加して、小型の南京錠が内側から取り付けられていた。どうやら、男性は自分が死ぬための「完全密室」を自作していたようだ。

私は目張りをはがして窓を全開にした。それと同時に、家主にできるだけ多くの線香を焚いてもらいながら、係長が実施する検視の補助にまわった。

その後、男性の貴重品の確認や付近の聞き込みなどの初動捜査を行ったところ、男性が精神疾患で通院していたことも判明している。

整理ダンスからは、母親に宛てた〈職場の人間関係がうまくいかず、仕事が長続きしない。無職で生活ができない〉と記された手書きの遺書も見つかっている。

こうした状況から、本件は首吊り自殺と断定され、警察医（警察署長の要請で検視業務に協力する医師）も直接死因を「縊死による窒息」として死体検案書を作成している。

現場のアパート前に、男性の母親が手配した葬儀社のワゴン車が到着した。彼らは遺体を引き取りにきたはずだが遺体のある2階には上がろうとせず、自社のストレッチャーを用意してワゴン車のわきで待機している。遺体の運搬は警察の仕事、というわけだ。

遺体は極楽袋に入れた状態で2階から下ろすことになるが、その前にやるべき作業が残っていた。私は自発的にエンバーミング（遺体の修復作業）を施し、遺体をなるべくきれいな姿にしてから遺族に引き渡すようにしていた。

男性の遺体は高度に腐敗しており、触れただけで頭髪が抜け落ちてしまうほどだった。頭部の各孔に潜り込んだ大量の蛆虫を指やピンセットで除去し、崩れた顔をできるだけ生前の状態に近づけるため、ガーゼと脱脂綿を詰め込んで復顔を試みる。

遺体を極楽袋に収納する際、大量の腐敗汁が染み出るため部屋の中にある布団やシーツを巻き付けることが多い。極楽袋は私と変死事件デビューの会計課員が両手で担いで、1階までなんとか下ろして、葬儀社に引き渡した。

今回は変死事件の捜査経験が多少ある捜査員でも、根をあげてしまうような過酷で厳しい現場だった。

そんななか、変死事件デビューの会計課員は、途中で気分が悪くなったようだが、最後まで現場から離れることはなかった。

それだけ根性があるなら、会計より刑事のほうが向いてますよ——。

ワゴン車を見送る会計課員の背中を眺めながら、私はそんなことを考えていた。

事件22　全身が奇妙な虫だらけの変死体

前述した「ムンクの叫び」は、私にとって最も印象深い「屋内」で発見された高度腐敗の遺体だが、これから紹介するケースは、その「屋外」編となる。

真夏の日曜昼下がり。大阪府と奈良県の境にそびえる金剛山《こんごうざん》（標高1125メートル）の中腹で、ハイカーが首吊り状態の男性を発見。通報を受けた消防（救急隊）が現地で確認すると、男性はすでに死亡していた。この時点で、本件は救助案件から変死事件に移行されるため、消防は地元の警察署に変死体の「検視」を要請することになる。

消防からの連絡を受けて出動した私たちは、救急隊との合流ポイントが特定できず、登山道をさまよっていた。このあたりは、携帯電話の電波が届かない圏外エリアだった。救急隊と直接やりとりができないため、意思伝達は無線機を使ってふもとの警察署や消防署を経由することになる。連絡を取り合うのにふだんの何倍も時間を要したが、私たちはなんとか現場にたどり着くことができた。

遺体は登山道から外れたところにある、小さな谷間を下りた茂みの中で、木の枝にくくりつけた着物の帯で首を吊っていた。持参した折りたたみ椅子を足場にしたようだ。枝からぶら下がったままの遺体は、ぴくりとも動かない。「定型的縊死」の状態だった。

縊死には「定型的縊死」と「非定型的縊死」がある。前者は身体が宙に浮いた状態で全体重が索状物にかかっている場合。具体的には索状（ひもやロープ）が左右相称に前頸部を走り、そのまま側頸部を上後方に向かい、耳の後ろから後頭部に向かっている。一方、後者の非定型は、それ以外の状態（身体の一部が床や地面に接地している場合）となる。

周囲の林には死臭が漂っていた。そのにおいの発生源である遺体は、まさに「ムンクの叫び」のような表情をしており、見たところ70歳ぐらいの男性だった。体外に滲み出た腐敗汁ですっかり黒ずんでいたが、もともとは白いカッターシャツにベージュ色のズボンを履いていたのだろう。

野草をかきわけながら遺体に近づいていく。自分たちの足音とは別にカサカサというかすかな音が聞こえてくる。それは蛆虫たちのざわめきだった。蛆虫の大群が遺体の全身を埋めつくし、もぞもぞとうごめいている。その数は数千、いや数万にはなるだろうか。

眼窩《がんか》の空洞や大きく広げた口腔にも、蛆虫がぎっしりと詰まっていた。首筋の皮下には体長2ミリメートルほどの小さな蛆虫が、表皮を浮き上がらせながら動きまわっている。

その様子は、水中を泳ぐオタマジャクシのようだった。

さらに、その合間を無数のアリが腐肉を運んで行進している。ボタンの開いたシャツの胸もとには、赤や黄色の毒々しい原色をまとった体長5センチメートルほどの虫も群がっている。虫に関する知識がない私は、原色の虫を見た瞬間、毒蛇のイメージと重なり思わず背筋が寒くなった。

のちに調べたところ、遺体の胸もとで発見した原色の虫は「シデムシ」の一種だったようだ。漢字で「埋葬虫」と書くシデムシは、動物の死骸などをエサにする死肉食の甲虫《こうちゅう》で、腐肉のほかに蛆虫も捕食するという。シデムシにとって蛆虫だらけの腐乱死体は、恰好のエサ場だったに違いない。

この遺体のグロテスク度は、私が見てきた腐乱死体の中でも群を抜いていた。

蛆虫の雨

真夏の直射日光にさらされ続けた遺体は、手足の指が赤黒く干からび、一部がミイラ化していた。発見現場の撮影を終えると、次は遺体の回収となるがこれが厄介だった。

先着していた救急隊は、私たちと入れ替わりですでに下山している。ここから先は引き継いだ警察の仕事になるが、山中に臨場したのは私と若手刑事だけだった。つまり、たったふたりで遺体を担ぎ上げ、ふもとの駐車場まで山道を下っていかなければならない。考えただけでも気が遠くなる作業だが、ここまで来たらやるしかない。私は額の汗を手の甲で拭うと、覚悟を決めた。

さっそく、遺体を運ぶ準備に取りかかる。まずは木にぶら下がっている遺体を、そのまま死体覆いシートで包み込む。大量に群がっていた虫たちも一緒に包むので、念のためシートを何枚も重ねて簀《す》巻きの状態にしておく。

鑑識資器材の中から二段脚立を取り出した私は、若手刑事に指示を出す。

「俺が下で遺体を受け取るから、君は脚立に上がって木にくくられているひもを切ってくれ。あとで切った部分はセロハンテープでつなぎ合わせてもどすんやで」

首を吊った「ひも」は重要な物証となる。そのため、ひもの状態や結び目など、可能な限り現状保存するのが捜査の鉄則だ。

私は変死用のエプロンやゴーグル、マスクなどを装着すると、遺体の腰あたりに両手をまわして抱えあげようとしたが、足場が悪くて踏ん張れない。そこで姿勢を反転。遺体を背負うような格好で受け止めることにした。

「ほな、切りますよ」

若手刑事の掛け声に、私は腹筋に力を込めて返答する。

「よし、こい！」

次の瞬間、私の背中にどさっと遺体がのしかかってきた。遺体は想像以上にかたくて、重い。足がよろけて遺体を背負ったまま、真後ろにひっくり返りそうになったが、前傾姿勢にもどしてなんとか耐えた。しかし、そのはずみで死体覆いの隙間から、大量の蛆虫がこぼれ出てくる。首もとを直撃する蛆虫の雨に、さすがの私も絶叫した。

「あかん、袋や袋！　はよぅ、極楽袋を開けてくれ！」

脚立から飛び降りた若手刑事が、急いで極楽袋の口を開く。私は地面にひざをつき、遺体を極楽袋に素早くおさめる。そして、袋のファスナーをすぐに閉めて、遺体とともにおびただしい数の虫たちを封じ込めた——。

炎天下での回収作業は、私たちの水分を容赦無く奪っていく。ただでさえ暑い変死用の装備の下は、噴き出した汗でびっしょりだった。猛烈に喉が渇いて脱水症状を起こしかけていたので、少し休憩を取ることにした。私は持参していたミネラルウォーターを半分飲み干した。中身はぬるくなっていたが、最高にうまかった。生き返ったような気がする。

山の景色を見ながら地べたに座っていると、風が通り抜けた。死臭が漂い、遺体からこぼれ落ちた蛆虫がそこら中でうごめく、お世辞にも快適な環境とはいえないが、私には山肌に沿って吹き抜ける風が心地よかった。

「いやぁ、この風は本当に気持ちいいですねぇ」

となりにいた若手刑事は、あきれた顔でつぶやく。

「えっ、まぁ……そうですね」

救世主の登場

次の難関は遺体の入った極楽袋を抱えて、どうやって山道を搬送するかだ。捜査車両が停めてある駐車場までは、かなり距離がある。ふたりで険しい茂みの中を運ぶことになれば、2時間以上はかかるだろう。

現場は無線も携帯電話も圏外なので、応援を呼びたくても連絡手段がない。いったん私たちだけが駐車場までもどり、署に連絡して応援を待つ時間もなさそうだった。山の夜は早い。すでに夕方になろうとしていた。

　こうなれば、ふたりで運ぶしかない。

　腹を括って作業に取りかかろうとしたとき、地域課の課長代理（警部）が2名の部下を連れて現場にやってきた。先に下山した救急隊から連絡があったという。

「班長、だいじょうぶですか」と駆けつけてくれた彼らが、私の目には救世主のように見えた。私が「助かりました」と礼を述べると、課長代理がこんなことを言った。

「人手が足りず困っているかなと思いました。自分は山間部を管轄する署に勤務した経験があるので、山の現場の苦労がよくわかります。ワゴン（遺体搬送車両）はクルマが登れるぎりぎりのところまで乗ってきていますので、そこまでみんなで運びましょう」

　極楽袋を総勢5名で抱えると、やや勾配のある山道をゆっくりと下りていった。

遺体を復顔

　遺体を運び込んだ署の霊安室には、死臭が充満していた。ふたつある換気扇をフル回転させても、においがなかなか薄まらない。私はいつもより線香を多めに焚くことにした。

遺体の検視は、遺体全体の写真撮影をすることからはじめる。次に裁ちバサミで衣服を切断して、遺体を全裸にする。

遺体と一緒に連れ帰ってきた蜂や羽蟻などの虫はかなり弱っていたが、遺体の内臓からこぼれた出た蛆虫は、遺体安置台の上を元気よくはいまわっている。私はそれらを殺虫剤で死滅させると排水溝に流した。

男性の身元は、着衣のポケットから出てきた運転免許証で特定でき、それによって家族から自殺企図者として兵庫県警に捜索願が出されていることも判明した。男性が発見された金剛山の駐車場からは本人名義のクルマも見つかっており、車内には家族に宛てた遺書が残されていた。最終的に本件は自殺として処理されることになった。

事件の終結にともない、男性の遺体は遺族のもとにお返しするが、その際に遺体を確認した遺族が「(男性本人かどうか)ちょっと、わかりません」「自信がない」などの曖昧な回答をした場合は、すんなりと引き渡すことはできない。家族関係を証明するためDNA鑑定や歯牙鑑定などの関係資料を、遺族の協力を得て入手しなければならなくなる。

とくに男性の遺体は腐敗の度合いが激しく、遺族が男性の顔を見ても本人と判別がつかない可能性が高かった。そこで私は蛆虫を除去したあと、脱脂綿やガーゼを眼窩などのへこみにあてがい、可能な限り見栄えが良くなるように復顔を施しておく。

結果的に男性の遺体はすぐに遺族の確認がとれた。その理由は、捜索願届出書の人体図に身体的特徴が詳細に記載されており、それが遺体の特徴と合致したからだ。

数日後、男性の遺族（兄弟）が「兄の発見場所を教えてほしい」と来署されたので、私は再び山を登って現場を案内した。

男性が首を吊っていた場所を指差しながら「あの木です」と説明すると、兄弟たちはその木に向かって合掌しながら涙を流していた。

事件23　ゴミ袋の中で絶命したピアノ講師

所轄の刑事（司法事務・知能犯係や強行犯・暴力犯係、盗犯係）として駆けまわっていた平成6（1994）年ごろ、不思議な事件に遭遇した。

現場は署から5分ほどの距離にある、高層マンションの一室だった。

上階にあるその部屋には、地域課員が先着していた。私は地域課員が現場に入った際の動線や触れた箇所、移動した物などを素早く確認する。現場の保存は、時間との勝負だ。事件直後の状態を可能な限り記録していく。マンションの1階にある正面出入り口から、現場の室内に入るまでの経路も順を追ってこまかく撮影する。

事件の第一報は、当直勤務に入った直後の午後6時30分ごろ。遺体を発見した母親からの110番通報だった。

——娘が……部屋の玄関で……死んでます……。

すぐに臨場した地域課員から、続報が入ってくる。

——遺体はゴミ袋が頭にかぶせられており、首もとをガムテープでぐるぐる巻きにされている模様。

本件は殺人の可能性があるため、府警本部の機動鑑識班と捜査第一課にも報告。私は鑑識資器材を捜査車両に積み込むと現場に急行した。

この日の刑事課の当直は、班長の知能犯係長（警部補）と私（巡査）のふたりだけ。所轄に3名しかいない鑑識係は今夜の当直メンバーにいないため、鑑識経験のある私が当直のときは兼務していた。

女性の遺体が発見された部屋の前で、班長が第一発見者の母親から事情を聞きはじめる。私はそのかたわらを通り抜け、玄関から室内に入ろうとしたが、ふと足もとに目をやると、そこには異様な光景が広がっていた。ポリエチレン製の〝黒いゴミ袋〟で頭をくるんだ遺体が、玄関の上がり口にこちら（玄関側）に頭を向けて横たわっていたのだ。

ほっそりとした体躯に、白っぽいブラウスとスカート。頭からかぶっている黒いゴミ袋と白い服のコントラストが非現実的で、私の目には女性の遺体がマネキン人形のように見えた。通報の通り、首のまわりには茶色のガムテープが何重にも巻きつけられている。

母親の話によれば、40代の女性はピアノ講師をして生計を立てていたという。

室内に争ったような形跡は見られないが、発見時に無施錠だった玄関が気になる。十分な見分がなされていない段階では、常に事件性を考慮しておく。

発見時におけるドアや窓の施錠の有無をはじめ、マンションの管理会社に対する鍵の本数と錠の取替え履歴の確認、女性本人の既往歴や現金・貴重品の保管状況、死亡推定時刻の前後にこの部屋に出入りした人物がいないか防犯カメラで確認するなど、他殺の疑いを打ち消す根拠が見つかるまでは、気を抜くことができない作業が続く。

遺体の死体現象も、捜査の重要な手がかりとなる。外傷があればその部位や状態、遺体の体位と血液就下の位置関係、失禁や脱糞した場所に不自然な点がないかも、徹底的に確認する。検視前の情報をできるだけ集め、検視の担当者が事件の見立てを誤らないように補佐するのも鑑識係の大事な役目だった。それ以外にも、所轄の鑑識係は写真撮影や図面(計測)作成などを主に行っている。

現場では臨場した検視官や当直班長の判断(事件性の有無)がでるまで、現場保存が継続され、事件性ありとなれば、府警本部の機動鑑識班を要請。さらに徹底した鑑識活動が実施されることになる。

ゴミ袋の水滴

台所のテーブルには、空になった睡眠導入剤の包装シートが無数に散乱していた。ざっと2週間分はありそうだ。この量を一度に服用すれば、命にかかわってくるだろう。薬剤の空シートは自殺の可能性を強く示唆する状況証拠になるが、それと女性が頭からかぶっている黒いゴミ袋がどうしてもつながらない。私はさらにテーブル周辺を捜索する。

私たちの到着から約1時間が経ったころ、府警本部の検視官(警部)が臨場してきた。

私は検視官の指示で、検視の補助業務（写真撮影）にまわる。

まずは、地域課員に手伝ってもらいながら、黒いゴミ袋をかぶった女性の遺体を玄関付近から奥の6畳間へと移動させた。

検視官が敷布団に寝かされた女性の遺体に近づき、首もとを子細に観察する。ガムテープは首の周囲にきれいに巻かれており、抵抗した痕跡は一切認められなかった。

ハサミを使って、ゴミ袋とガムテープを開封していく。この時点では第三者が関与している可能性（殺人や自殺幇助）もあるため、遺留指紋の付着部位を滅失してしまわないように、滅菌したDNA採取用のピンセットで1カ所だけ切断する。ゴミ袋の中から出てきた女性の顔面は蒼白だったが、両目を閉じた穏やかな表情をしていた。

ゴミ袋の内側を確認すると、女性の鼻や口の当たりに水滴の付着が見られる。これはゴミ袋をかぶった時点では、女性が生存していたことを示す生活反応だ。女性の長くのばした頭髪が、首のガムテープにそれほど多く付着していなかった点も見逃せない。事前に準備をしていたのだろう。女性はゴミ袋をかぶったあとに、自分の首にガムテープを巻き付けた可能性が高い。

事実、女性の目には「眼脂《がんし》」も認められた。これはいわゆる目やにで、多量の睡眠薬を服用した遺体に現れる死体現象のひとつだ。

その後の捜査で、女性には精神疾患の既往症があり、両腕の手首から肘にかけてリストカットの痕が多数あることが判明している。室内には手書きの遺書も残されていた。さらに、ゴミ箱からはガムテープを購入した際のレシートが見つかっている。販売店の協力でレシートに記載された日時の防犯カメラの画像を精査した結果、女性本人が単独で購入していたことも裏付けが取れている。

これらの状況証拠から、検視官、監察医ともに本件を自殺と断定。女性は睡眠薬を多量に服用したあとにゴミ袋をかぶったがすぐには死ぬことができず、苦しみのあまり、あるいは、誰かに助けを求めるために居間から玄関に移動する途中で絶命したのだろう。

事件24　前代未聞の割腹自殺

春と秋は、人事異動の季節だ。大阪府警では毎年3月と9月に、通常の定期異動が行われる。その事件は、春の異動で刑事課員の半数近くに内示が出て、各自が異動の準備をはじめているさなかに発生したのでよく覚えている。

地域課からの第一報は、署員の顔合わせを兼ねた朝礼の直前に入ってきた。

――男性が自宅の応接間で、首を斬られて死んでいるのを妻が発見。現場には凶器と思われる包丁が遺留。

事件資料の引き継ぎや、荷物の整理などでざわついていた刑事課の部屋が、一瞬にして静まりかえる。

続いて府警本部・通信指令室からの緊急配備（緊配《きんぱい》）が署内放送で流れた。

――至急、至急！　大阪本部から一方的に送る。殺人事件発生、申告人は妻。自宅から110番通報。現在のところ詳細不明。救急要請をするとともに至急現場へ向かえ！

緊配が発令されると、捜査員は事件の大小にかかわらず拳銃を携帯して出動する。署長や上司が「拳銃携帯命令」をいちいち下命することはない。それは映画やドラマの演出であって、実際の現場では一刻も早く被疑者を検挙することが最優先だ。被疑者が抵抗すれば拳銃の使用も当然あり得る。

サイレンを鳴らし、赤色灯を回転させた捜査車両が、署から次々と飛び出していく。

大きな血だまり

現場は木造2階建ての住宅だった。私たちが臨場したときには、すでに野次馬の人垣ができており、周辺は騒然としていた。

通報者の妻は、パトカーの男性乗務員と、受け持ち交番の女性警察官から事情を聞かれていた。私は妻の様子を見るため、彼女たちのいる2階へ上がる。パジャマ姿の妻は気が動転している様子だった。身体を震わせながら、弱々しい声で質問に答えている。両目は真っ赤に充血して、手や胸にはべっとりと血がついていた。

この時点では妻が夫を殺害した可能性もあったが、妻の様子からは被疑者特有の雰囲気を感じることはできなかった。

遺体が発見された1階の応接間にもどると、私は鑑識作業の準備に取りかかる。

男性の遺体はパジャマ姿で、うたた寝をしているような格好でソファーに腰をかけていた。パジャマの腹部は血だらけで、布がめくれ上がっている。遺体のそばに近づいて、その腹部をよく見た瞬間、私は戦慄を覚えた。へそのあたりが鋭利な刃物で〝十文字〟に刻まれていたのだ。さらには喉もとも頭部が落ちそうなほどに深く切り裂かれており、男性がうつむくような姿勢で絶命していたのはこのためだった。

　フローリングの床には、男性の足もとを中心に大きな血だまりができていた。すでに一部は凝固している。窓にかけられたオレンジ色のカーテンには、まるでバケツであびせかけたような、おびただしい量の血しぶきがかかっていた。これは頸動脈を切断した際に噴き出したものだろう。現場はまさに血の海だった。

　遺体と現場の惨状に、多くの捜査員が言葉を失っていた。かつて、ここまで猟奇的な殺し方をする犯人がいただろうか。際立つ異常性と残虐性に、背筋が凍りつく。

　通報にもあった遺留物は、男性の遺体から2、3メートルほど離れた棚の上に無造作に転がっていた。それは、血にまみれた刃渡り約20センチメートルの出刃包丁だった。状況的にこの包丁は凶器の可能性が高い。包丁の計測や指紋の採取をする前に、まずは発見した状況をしっかりと撮影しておく。

　現場における写真撮影の基本は、室内などの全体像を広角レンズで撮りはじめ、遺体に徐々に近づいていく。そして、事件の手がかりとなりそうな細部を近接レンズで何枚も撮っておく。私は1カットずつ、なるべく関連性を持たせるように心がけていた。カメラのファインダー越しに、新たな事実を発見することもよくある。

このときも、男性の左手首に骨が見えるほどの深く、大きな切創があることに気づいた。その傷は動脈を完全に切断しているが、首や腹部の傷も致命傷になり得るため、犯行状況はまったく予測がつかない。一方で他殺にしては、逡巡創（ためらい傷）が多すぎるような気もする。とにかく、謎だらけの現場だった。

男性の遺体は署の霊安室に搬送して、より細部を検視することになった。

出刃包丁

検視の結果、検視官は男性の死を「自殺」と断定。続く監察医の検案でも、男性の死因は自殺による「失血死」とされている。

検視などで特定された自殺の方法は、次のようなものだった。

まず男性は自分の左手首を切り裂き、さらに腹を十文字に切り刻んだもののそれでは死にきれず、右手ににぎった出刃包丁で、左側頸部から右側頸部にかけて弧を描くように首を掻っ切った。その証拠に首の骨までは刃が届いていないが、皮膚や筋肉の切断面はゆがみのないきれいな状態であった。もちろん、抵抗した痕跡もみられない。

妻によれば、男性は中小企業の社長で、経営していた会社の業績がふるわず、このところはふさぎ込むことが多くなっていたという。書斎には、会社と家族に宛てた自筆の遺書も残されていた。当初は凶器と思われていた出刃包丁も、妻が男性のかたわらから棚の上に移動させていたことがのちに判明している。

最終的に「事件性なし」と刑事課長が判断したため、私は自宅で待機していた男性の遺族に連絡を入れ、遺体を引き取ってもらう手続きを進めた。その後、男性の妻から無事に通夜と葬儀を終えた旨の知らせが私のもとに届いた——。

仕事柄、自傷で亡くなった遺体を数多く見てきたが、本件のような「割腹」をしたケースは最初で最後だった。

割腹や切腹といえば、自身の脇腹に短刀を突き立て、それを真一文字に引いて腹を切り裂くイメージが強いが、戦国時代から江戸時代の初期ごろまでは、自分の腹を十文字に切り裂き、喉を突いて絶命する方法もあったという。

本件の男性が選んだ死に方には、なにかしらのメッセージが込められているように思えてならない。事業に失敗すると株主や債権者、社員らに対して多大な迷惑をかける。男性はその責任を、誰よりも強く感じていたのかもしれない……。

事件25　投身、焼身、首吊り自殺が連続発生

平成12（2000）年3月から、私は大阪東部を管轄する大規模な警察署の刑事課で、暴力犯係の主任（巡査部長）を1年、鑑識係を4年つとめていた。

同署刑事課の当直は6名体制でフル回転しており、当直のときは毎回オールナイトの勤務になる。その日も、ほぼ同時刻に事件を報せる入電が、立て続けに3件もあった。

アスファルトに激突

1件目の通報は、「パチンコ店の立体駐車場から、ヤクザ風の男性が落ちた」という内容だった。鑑識資器材を積載した捜査車両のハンドルを私がにぎり、助手席に後輩刑事（巡査）、後部座席には検視ができる係長（警部補）が乗り込んで、現場に向かう。

私はシートベルトを締めながら、となりに座った後輩に指示する。

「緊急執行で向かうから赤色灯を屋根に乗っけてくれ。ヤクザもん同士の抗争事件に発展

するかもしれんから急ごう」

　サイレンを吹鳴した捜査車両は、5分もかからずにパチンコ店に到着した。

　目撃者の話によれば、ヤクザ風の男性（50歳前後）が転落したのは、5階建ての立体駐車場の上階らしい。仮に5階から地上のアスファルトに落下したとすれば、その落差は12メートル以上もあり、人体へのダメージは深刻だ。

　男性はうつ伏せの状態で、路上に放置されていた。とくに頭部の損傷が激しく、頭皮の一部がめくれあがり、頭頂部がボコボコに変形している。落下の衝撃で頭蓋骨を複雑骨折したのだろう。男性を仰向けにすると、アスファルトにめり込んでいた顔面はぺしゃんこにつぶれており、両足も異様な方向に折れていた。男性は即死の可能性が高かったが、110番通報者が救急車も手配済みのため、その到着を待つことになった。

　その間に男性の服装や身につけている物を確認する。男性は黒いシャツとズボンにエナメルの靴を履き、首と手首にはゴールドのチェーンを巻いていた。その風貌は暴力団員に見えなくもないが、どちらかといえば街のチンピラのようなスタイルだった。

　私たちが臨場してから数分ほどで救急車が到着。私はいつものように現場が壊れる前に素早く写真撮影をしておく。搬送先の病院はすぐに決まったようで、男性が運び込まれた救急車はあっという間に走り去っていく。その後、男性は病院で死亡が確認されている。

男性の身元は、ズボンの尻ポケットに挿し込まれていた財布の中から出てきた、運転免許証や病院の診察券などで容易に割り出せた。

それらに記載されていた住居地から、現場のパチンコ店までは十キロメートル以上も離れている。移動にはクルマを使っていたと思われるため、立体駐車場の全車両を捜査すると同時に男性の家族にも問い合わせた。

さらに2件発生

パチンコ店の駐車場で発生した墜落死を捜査しているとき、署の交換台から「新たに事件発生」との無線が飛び込んできた。

2件目の現場は、パチンコ店から南へ約1・5キロメートルのところにある小さな公園だった。消防署から「人が燃えてる」との通報があり、同様の110番通報が何件も入っているという。

どうやら公園内で焼身自殺をはかった人物がおり、いままさに炎上中のようだ。緊急事態のため、捜査体制を焼身自殺と墜落死の二手にわける必要がある。署からの指示を待っていると、さらに別件が発生した。

3件目はパチンコ店から東へ約2・5キロメートルのところにある別の公園で、男性の首吊り死体を通行人が見つけ、110番通報をしてきたという。2、3件目は署で事案待機していた3名が手わけして対応することになった。

私たちが捜査していた、墜落死の現場にも動きがあった。

墜落した男性は「借金苦で自殺のおそれがある」と、家族から警察に捜索願が出ていたことが判明したのだ。男性は大のパチンコ狂いで、複数の消費者金融から多額の借金をしており返済に窮していたようだ。

駐車場の5階で、男性名義のクルマも発見されている。車内には家族に宛てた自筆の遺書が残されており、駐車場に設置された防犯カメラの映像にも、本件に第三者が関与した事実は記録されていなかった。また、男性の落下位置は遺留品から特定できるため、臨場した検視官は男性の墜落死を「自殺」（事件性なし）と断定している。

これでパチンコ店の現場は一段落がついた。私は署にもどることも考えたが、先ほど聞いた人が燃えている事件が、気になってしかたがなかった。そこで署から現場へ向かっていた主任たちに無線で連絡をとった。

「私もそちらの現場に行きます。第一現場のパチンコ店にいますので、こちらを経由して自分を拾ってもらえませんか」

数分後、主任らが乗る捜査車両がパチンコ店の駐車場にすべり込んできた。私は鑑識資器材と一緒に後部座席に乗り込んだ。

焼身自殺のにおい

私が公園に臨場すると、府警本部の機動鑑識班が現場で写真撮影をしていた。燃えていたのは男性（50代後半）で、すでに病院へ救急搬送されたあとだった。機動鑑識の班長によれば、男性は自分でガソリンをかぶり、火を点けたという。火だるまになった男性は、搬送先の病院で死亡が確認されている。

消火活動を終えてしばらく経っていたが、現場には強いガソリン臭が漂っていた。焼身自殺した男性が倒れていた付近に近づくと、ガソリン臭と混ざり合うように人肉が焼けたにおいもする。それは牛や豚の肉とは違った独特のもので、腐った油脂を燃やしたようなにおいだった。男性は完全炭化まではいたっておらず、一部だけが炭化形成していた。死因は熱傷による「ショック死」だった。

現場に残された油と、男性が着ていた服に付着していた油の成分を消防で調査してもらった結果、同じガソリンであることが判明している。

また、所持品から男性の身元も特定されており、署の捜査員が家主の立会いのもとで男性の自宅を捜索したところ、母親宛に書かれた自筆の遺書が発見された。

パチンコ店の飛び降り自殺を検視した検視官が、この事件の遺体も病院で検視して「自殺」と断定。警察医の検案で事件を終結させることになった。

一方、3件目の公園で発生した首吊り現場には、刑事当直班長が臨場していた。

私は焼身自殺の現場から班長に無線で連絡をとり、応援の有無を確認するとともに、現場の状況をたずねた。

首吊りをしていたのは、タクシー運転手の男性（60代前半）だった。樹木の数カ所にくくりつけられた幅約2センチメートルのロープに首をかけ、両足が地面に着いた状態で死亡している、非定型的縊死だった。

男性は職場での人間関係に悩んでいたらしく、家族から近隣の警察署に自殺企図者として捜索願が出されていた。遺体が発見された公園の近くでは、男性名義の手配車両も見つかっている。車内には10万円ほどの現金などと、家族ひとりひとりに宛てた遺書が残されていた。また、首吊りに使ったロープを購入した際のレシートも車内から発見され、購入店で裏付け捜査も行われた。その結果、当直班長と検視官は、本件を「自殺」と断定している。

署にもどると当直班長は、同時に発生した3件の変死事件について、当直管理責任者にすべて自殺と断定した旨を報告。私たち当直班は、3件分の捜査報告書を作成して、それに上司の決裁印をもらえば、その日の当直業務が完了したことになる。

長い一日がようやく終わろうとしていた。当直班のメンバーもみんな疲れきった表情をしている。椅子に座ってぐったりとしていた若手の班員に、私は声をかけた。

「みんなはご遺体とご遺族に対する礼儀がきっちりとしてるから、亡くなられた方々から選ばれたんやと思うで」

若手の労をねぎらうつもりで言ったのだが、当の本人たちはそうは受け取らず、迷惑そうな顔でこうぼやいた。

「主任、そんなこと言うたら、事件を呼んで、また変死が入りますやん……」

「事件を呼ぶ」といえば、私が当直のときは夜食づくり（材料の買い出し）をすると事件を呼ぶというジンクスがあった。暇にまかせて調理をしていると、それをひと口も食べられないぐらい事件が起きるため、私は自炊を敬遠し、いつも弁当の出前を注文していた。

事件26　家族の前で自殺した男性

「父は仕事から帰宅すると、いつも自分の部屋に閉じこもったままでした。家族との会話は一切ありません。日頃から父の姿をほとんど見かけないので、いずれは、こうなるんじゃないかと思ってましたよ」

うすら笑いを浮かべながら、高校生の長男が平然と言い放つ。私は愕然とした。ついいましがた彼の父親が変死体となって見つかったばかりだ。それなのに動揺するでもなく、悲しむでもなく、あまりにも冷淡すぎやしないか。まるで、父親が死んでせいせいしているようだった。

異様な家族関係

父親が発見されたのは、平成24（２０１２）年ごろの夏、ある土曜日の午後だった。

１１９番通報を受けた救急隊が、高層マンションの10階にある部屋に駆けつけると、すでに父親の身体は冷たくなっていた。父親の遺体は死後硬直と顕著な死斑の出現が見られたため、救急隊は最寄りの警察署に検視の要請をしている。

亡くなっていた父親（40代）は教育関係者で、消防に通報をした父親の妻（40代）は医療従事者だった。父親の遺体が発見されたとき、長男と長女は別の部屋にいたという。

刑事当直班の班長である鑑識係の私（警部補）と主任（巡査部長）が、消防からの要請を受けて現場に急行。ちょうど救急隊と入れ違いで、部屋を訪問している。

冒頭でも触れたが、長男の態度は真向かいの部屋に父親の遺体がある状況とはとても思えなかった。それは彼の母親（父親の妻）も同様だった。妻は夫の部屋を何度ノックしても反応がないことを不審に思い、部屋の中をのぞいてみたら遺体を発見したという。

私たちは先着していた署の地域課員から報告を受けながら、遺体がある部屋へ向かう。玄関からリビングルームに向かって直線の廊下があり、その廊下をはさんで左手には長男の部屋、右手には父親が書斎兼寝室に使っている部屋が配置されていた。

ふと見ると、父親の部屋の前に食器と木目の膳が置いてあった。食器には惣菜と白飯が盛り付けられているが、手をつけた形跡はない。ラップがかけられたままだ。廊下にぽつんと残されたそれを見て、はじめは犬や猫のエサかと思っていたが、善には大きめの箸が添えてある。まさかと思いながら、私は妻にたずねた。

「もしかして、これはご主人のお食事ですか」

「はい」

「なんで、ここに」

私の疑問に、妻が感情のない冷めた声で答える。

「主人は家族とまったく会話をしないので、食事のときは私が携帯電話のメールでごはんの絵文字を送って、主人の部屋の前に置いておくようにしていました。主人は食べ終わるとお膳をもとの位置にもどします」

妻が携帯電話のメール画面を私に見せる。送信メールにタイトルはなく、本文はごはんの絵文字のみだった。念のためメールの履歴を確認すると、同様のメールが何十通も出てきた。まるで独房の囚人に配膳するような扱いだ。私はさらに突っ込んで聞いてみた。

「お気を悪くしないで聞いてほしいのですが、このような絵文字をメールするだけというのは、ちょっと変ですよ。いつごろから、いまのような関係になりましたか」

妻は自分や子どもに対する愛情がまったく感じられず、夫は一心不乱に仕事をしているだけなので、数年前からこのような家族関係になった旨を説明すると、あとはうつむいたまま、押し黙ってしまった。

中学生の長女からも父親の最近の様子を聞き取ろうとしたが、リビングの隅で座りこんで泣きじゃくっており、なにを話しかけても首を横にふるだけだった。結局、話は聞けずじまいとなったが、長女の態度は父親を亡くした際の素直な反応に思えた。

もしかしたら、「母と兄が父を自殺に追い込んだ」と言いたかったのかもしれない。そう勘ぐってしまうほど、妻や息子の態度は不自然だった。

自殺か、他殺か

父親が家族から孤立していたことは間違いなさそうだ。

私たちは遺体を検視するため、父親の部屋に移動した。6畳間の部屋は、入ってすぐのところに木製の2段ベッドが置いてある。その横には書斎机。机の上のデスクトップ型パソコンと卓上ライトは電源が入ったままの状態で、飲みかけの洋酒のボトルとグラスもそのまま残されていた。父親はなにかの研究者だったのだろう。本棚には難しそうなタイトルの本がずらりと並ぶ。それ以外に目立つものはなく、部屋の中はきちんと整理が行き届いていた。

私は声を落として、主任に伝える。

「事件の可能性もあるので、現場の写真はできるだけ多めに撮影しておいてください」

主任は「はい」とうなずくと、遺体を中心に現場の状況をカメラにおさめていく。

家族に発見された父親の遺体は、2段ベッドのわきで土下座をするような姿勢をしていた。白いカッターシャツに黒っぽいズボン。体型は中肉中背。父親のかたわらにはズボンのベルトと外れたバックルが転がっていた。

この状況から判断すると、父親はベルトで首を吊ったようにも思えるが、見方を変えれば、家族の誰かにベルトで首を締められて殺された可能性も考えられる。どんな現場でも常に他殺の疑いを想定して見分作業を進めることが、犯罪見逃しの防波堤となる。

父親の下半身（下腿、大腿部）には、死体現象である暗紫赤色《あんしせきしょく》の死斑がくっきりと浮かび上がっていた。体表面を指で強く押しても退色せず、ベルトやバックルが食い込んだ索《さっ》溝《こう》が頸部から耳介部の後方を上向し、頭頂部方向へ走っている。

ためしに現場で発見されたベルトと索溝の状態、位置を比較してみる。両者の幅などに矛盾はなく、バックル部分の圧痕にずれも認められない。吉川線や防御創もなかった。

続いて、ベルトがこの部屋のどこに取り付けられていたかを特定する作業に移る。私は指紋検出セットから取り出した「ＳＰブラック」という黒色粉末とハケを使って、ベルトの痕跡を探した。すると2段ベッドの上段の手すりに、くっきりとベルトの痕跡が認められた。

これらの状況から、父親は洋酒を飲んだあと、ベッドの手すりにベルトを通して首吊り自殺を完遂。その後に、遺体の重みでバックルが外れてしまい、床に落下した父親はたまたま土下座をするような姿勢になったと判断した私は、概要を検視官に報告。その結果、検視官は臨場せず、警察医が直接死因は「縊死による窒息」という死体検案書を作成したため、本件は自殺として最終処理されることになった。

自殺の動機については、父親のパソコンに家族との不仲に悩んでいたことを記した、遺書のようなテキストデータが残されていたが、これは家族なら誰でも入力することができるため参考程度にとどめている。

よって動機は不明のままだが、父親の兄妹によれば、父親は日頃から自殺をほのめかす言動がたびたびあったという。

事件27　除草剤のビール割り

このにおいは、なにかの農薬か……。

農耕用具などの収納小屋に立ち入ると、鼻を突く塩素系のにおいが充満していた。それは、わずか数分いただけで、頭痛やはき気がするほどの濃度だった。

タオルで鼻と口を押さえながら小屋の中をくまなく探したが、通報のあった変死体はどこにも見当たらない。現場に先着していた地域課員によれば、一足先に駆けつけた救急隊が、蘇生措置をするために遺体を母屋の居間に移動させたという。

警察の立場からすれば、すでに死後硬直がはじまっているような変死体は、そのままの状態で現場保存するべきとなる。しかし、今回のように遺族の感情に配慮した救急隊の対応も理解できる。人命を尊重する姿勢は、適切な判断だったと思う。

現場は壊れてしまったが、機転を利かせた地域課員が発見時の状況を、自分のデジカメで数多く撮影していた。

さっそく、撮影分をデジカメのモニターで確認してみると、小屋の土間に横たわっている変死体が写っていた。その写真からは、故人がもがき苦しんで絶命したであろう様子が伝わってくる。ためしにズーム機能を使って故人の顔を拡大してみた。モニターいっぱいに表示されたのは、苦悶に満ちた表情だった。

猛毒の除草剤

平成22（2010）年ごろの夏、管轄内にのどかな田園地帯がある警察署で、私は刑事課鑑識係の係長（警部補）として勤務していた。

署の交換台に、救急隊からの検視要請が入ったのは、ある日の午後だった。独居の高齢男性が収納小屋で倒れているのを、たまたま訪ねてきた娘が見つけて119番に通報。救急隊が駆けつけたときには、すでに男性は息を引き取っていたため、消防署から警察署に一報があった。

刑事課の当直員だった私は、暴力犯係の主任（巡査部長）とふたりで臨場。この項の冒頭でも触れた通り、遺体が発見された小屋を確認後、遺体が運び込まれた母屋に向かう。

母屋の居間はクーラーが効きすぎて、寒いぐらいだった。遺体は6畳間に敷かれた布団に寝かされている。私は遺体のそばで手を合わせて黙礼すると、全身にかけられていた薄いタオルケットを静かにまくりあげた。

遺体の顔面はやや鬱血しており、見開いたままの目には縮瞳《しゅくどう》がみられる。これは疾患や薬物、外傷などによって瞳孔が過度に縮小する現象だ。口唇は白くただれ、口もとから鼻にかけて付着した白色泡沫液には、血液らしき赤い液体も混ざっている。軽くにおいをかいでみると、小屋と同じ塩素系のにおいがした。

小屋で亡くなってから数時間が経過しているとみられるが、夏のさなかに遺体にへばりつく虫がいなかったのは、このにおいのせいかもしれない。

筋肉の弛緩による脱糞や失禁も認められ、農薬などの毒物を経口摂取したことによる中毒死の現象が散見された。

そこで私たちは、遺体が発見された小屋にもどり、男性が摂取した毒物の特定作業に取りかかる。

小屋に設置されたスチール製の棚には、数十種類の肥料や農薬がずらっと並んでいる。小屋の中央付近にあるテーブルには、ビールの空き缶とフタが開いたままの「除草剤」が置いてあり、黄色っぽい液体が入ったコップも残されていた。のちに、この液体はビールと除草剤を混ぜたものであることが判明している。

私は除草剤の茶色い瓶を持ち上げて、鼻を近づけてみた。遺体の口もとから漂う塩素系のにおいと同じにおいだった。瓶に貼り付けられたラベルを確認すると、この除草剤には猛毒の「パラコート」が含有されていた。

パラコート含有の除草剤は昭和40（1965）年に発売されて以降、水田などで重用されてきた。パラコートは葉だけを枯らして木や根は枯らさないため、散布後すぐに作物を植えることができる。さらに価格が安く経済的だったため、全国の農家を中心に広く普及している。

一方で、多くの中毒者を出した除草剤でもある。致死性は高く、経口致死量はわずか数グラム。服毒すると嘔吐や喉の痛みなどの症状が現れ、その後に肝腎の機能障害などで死亡にいたる。この除草剤は神経系統を侵さないため、意識がはっきりとしたまま苦しみぬいて死ぬことになるという。

昭和60（1985）年には、10名の死者を出した「パラコート連続無差別毒殺事件」（未解決）が発生するなど、この年はパラコートによる中毒死者が多数出ている。そのため、翌年にはパラコートの毒性が軽減された除草剤が発売されたが、それでも致死率は6割を超えるといわれている。

遺体を発見した娘によれば、男性は妻に先立たれてから、ふさぎ込むことが多くなっていたという。そんな男性が心配になり何度か電話をかけたがつながらないため、不安になった娘が様子を見にきたところ、すでに変わり果てた姿だった。

小屋からは遺書めいた内容を自筆で記した大学ノートも見つかっている。それには亡くなった妻と、娘に対する男性の思いがつづられていた。

現場には争ったような形跡もなく、足跡も救急隊、地域課員以外のものは男性の靴と類似するものしかなかった。遺体の外表には防御痕も認められない。これらの状況証拠から男性は服毒自殺したことが強く推認されたが、私は府警本部に詳細を報告し、念のため検視官の臨場を要請した。

事件性の有無

当時は検視官の人数が現在よりもだいぶ少なく、現場からの要請に応じられないこともたびたびあった。検視官は常にフル回転で、徹夜業務になることもざらだったという。

このときも、検視官は別の変死現場に出向いており、本件現場には立ち寄れそうもないとの返答だった。

「そちらは事件性がないようなので、警察医の検案でお願いします。それがダメなら、あらためて連絡をください」

検視官からそのような指示を受け、当直管理責任者に報告をしたうえで、私は自分の責任において本件を「事件性なし」として処理することになった。

たしかに自殺と判断する要件はそろっている。だが、現場が自宅の母屋ではなく離れの小屋であり、しかも無施錠だった。状況はほぼ屋外変死事件と同じなので、大阪市内であれば監察医による行政解剖が行われていただろう。

つまり、同じ大阪府内で発生した変死事件でありながら、発生場所が大阪市内か市外かで、事件捜査のプロセスが大きく異なることになる。

本件のように大阪市外で発生した変死事件（検視官が臨場しない場合）は、所轄の強行犯係や鑑識係の警部補以上が、現場の状況証拠と遺体の外表見分のみで「事件性の有無」を判断している。そのリスクについては次章で触れるとして、ここでは検視官とのやりとりで思い出した〝怖い記憶〟を最後に記しておく――。

本件を「事件性なし」と判断した私は、警察医に連絡。現場で検案をしてもらった。警察医は専門書を鞄から取り出し、パラコートの致死量が約５グラムであることを確認すると、男性の死因を「農薬服用中毒死（自殺）」と断定した。

検視官に本件の最終報告をしているとき、私は過去に発生した農薬を使った保険金殺人の事例が頭に浮かんだ。

かつて私は近畿管区警察学校で「鑑識一般、現場鑑識、機動鑑識専科」という１カ月の合宿カリキュラムを受講している。鑑識係になるためには、それぞれの実技をともなう上級試験に合格する必要があり、その時期は難解な専門用語を必死になって勉強していた。そのなかで、生命保険に加入させた被害者に、農薬入り焼酎の牛乳割りを飲ませて殺害した事例を、なにかのときに聞いたことがある。

この事例の牛乳をビールに置き換えれば、本件と酷似する。私は本件を自殺と判断したが、まさか殺しでは――。事件にまさかの展開はつきものだ。捜査員は捜査完了後も、ふとした瞬間に〝まさかの恐怖〟に怯えることがある。

それは避けることのできない、この仕事の職業病みたいなものだろう。

事件28　デマ情報だらけの硫化水素ブーム

著名人の自殺などが大きく報道されると、それが「連鎖自殺」を広げるトリガー（引き金）になる危険性がある。

近年ではそのような状況を避けるため、自殺報道は事務的な内容にする傾向があるようだが、「インターネットのバーチャル空間」（以下、ネット）においては、いまだに好奇な話題のネタにされている。亡くなった人の個人情報や自殺の方法など、真偽不明の書き込みがあふれかえっている、まさに〝無法状態〟だ。

私がネット情報の悪影響を痛感することになったのは、練炭自殺の次に大流行した「硫化水素自殺」だった――。

巻き添え被害が多発

硫化水素自殺が爆発的に増加したのは、私が大阪南部にある警察署の刑事課・鑑識係長（警部補）として勤務するようになったころだ。

警察庁の統計によれば、前年は29人だった硫化水素の自殺者が、平成20（２００８）年には１０５６人に急増（約36倍の増加）。この異常事態はネットの掲示板が発端だった。

数年前から、〈練炭自殺に代わる新しい自殺方法。練炭よりもかんたん〉などという書き込みが増え、硫化水素の発生方法などとともにコピペ（コピー＆ペースト）投稿がくり返され、平成19（２００７）年ごろから急速に拡散していった。

さらに、その流れに拍車がかかったのは、硫化水素なら「苦しまないで楽に死ねる」「きれいな状態で死ねる」というデマ情報が、まことしやかに飛び交ったからだ。

このブームに乗じて自殺と見せかけた殺人が発生する可能性もあるため、硫化水素による変死事件は自殺と断定できる明白な証拠がない限り、他殺の疑いで捜査は進められる。

実際、硫化水素で実母を殺害しようとした息子が、殺人未遂で逮捕されたケースが他県で発生していた。

硫化水素自殺が厄介なのは、まわりが巻き添えの被害をこうむることだ。同居する家族はもちろん、近隣住民や通報で駆けつけた捜査員や消防隊員も危険にさらされる。

所轄の地域課員が硫化水素を吸い込み、救急搬送された事案が発生したため、府警本部から硫化水素自殺についての措置要領が出された。その内容は、現場には化学薬品に対する装備資器材を備えている消防隊を優先させ、警察は付近の住人の避難誘導を行い、硫化水素発生の鎮静化を待ってから現場に入り、見分・検視をせよ、というものだった。

とくにマンションなどの集合住宅で発生した場合は、巻き添えの二次被害が多く、避難誘導も大規模なものになる。それは、捜査というよりは災害警備のようだった。

現場から回収された硫化水素（発生源の液体）は、密閉したタンクに詰めて府警本部の科学捜査研究所に運び込み、そこで処分をすることになる。

タンクの運搬は鑑識係が担当することになっており、私も何度か捜査車両で運んだが、途中で気分が悪くなることがよくあった。もしかしたら、微量の硫化水素が車内に漏れ出していたのかもしれない。

全身が緑色

ネットの掲示板に書き込まれた、苦しまないで楽に死ねる、きれいな状態で死ねるなどのあおり文句が、硫化水素自殺の連鎖を誘発したことは否めない。だが、多くの自殺者が真に受けたであろうそれらの情報は、完全なフェイクニュースだった。

硫化水素は硫黄と水素の無機化合物で、卵が腐ったようなにおいが特徴的な無色の気体だ。毒性は強く、高濃度のガスを吸い込めば、ほぼ即死する。しかし、純度の高い硫化水素を化学合成するためには、それなりの設備が必要となる。ネット情報でよく見かける、市販のトイレ用洗剤と入浴剤を混ぜたぐらいでは、高濃度のガスはまず発生しない。したがってネット情報の硫化水素で自殺をする場合は、死亡するまでに時間がかかり、その分だけ苦しむことになる。気道粘膜の灼熱的な痛みや酸欠による窒息状態、激しい頭痛やはき気など、地獄の苦しみを味わうことになるだろう。

自殺した彼らが、もがき苦しみながら死んだことは、遺体の状態からも見てとれる。

硫化水素自殺の遺体は、全身が「あざやかな緑色」になる。これは血液中のヘモグロビンに硫化水素が作用したことによる変色で、即死濃度に満たないガスを長時間吸引した場合に起きる現象だ。

アニメキャラクターの「超人ハルク」や「シュレック」のごとく、全身が緑色になった遺体は、生前の面影がなくなるほど醜く変化する。両目を見開き、苦虫をかみつぶしたような表情になることが多く、遺族の身元確認が困難なケースもあるぐらいだ。どうしても顔が見たいと懇願されたので、署の霊安室で対面してもらったところ、その場に倒れて起き上がれなくなった遺族もいた。

私がおぞましいと感じるのは、緑色になった遺体を解剖したときだ。体内から取り出された臓器も表面が緑色をしており、それを輪切りにした断面すらも緑色に染まっている。正常な肝臓は、ツルツルとした光沢のある焦げ茶色で、解剖室のライトに当たるとさらに光沢を帯びる。ところが硫化水素に侵された肝臓は、深緑色で光沢が鈍い。本来は鮮やかなピンク色をしている肺も深緑色が混じり、ベージュ系の色合いの小腸や大腸は黄緑色に変色している。

これが、「きれいな状態で死ねる」という〝ネット情報〟の正体だった。

私が経験した硫化水素自殺の現場は、自宅などの室内よりも圧倒的に車内が多い。人里離れた山中や広い駐車場の隅などにクルマを停め、車内で自殺を実行する。練炭自殺でも同様のことがいえるが、自殺をする人たちは発見されにくい場所を選ぶことで、確実に死ぬことができる時間を稼ぐ意図があるのだろう。

クルマのフロントガラスなどに、「有毒ガス発生中。危険ですから、近寄らないでください」といった警告の張り紙をするパターンもよく見られた。これは、周囲に巻き添えの被害を出さないための配慮にも見えなくないが、じつはそうではない。

硫化水素自殺をあおるネットの掲示板には、次のような書き込みがある。

〈重要なのは遺書（直筆がベター）の有無と、内側からの目張りです。これがないと、警察は「自殺」ではなく「事件（自殺を装った他殺）」だと疑い、遺族や友人などにめんどくさい思いをさせる羽目になる可能性が非常に高いです。あとは警告の張り紙。これも重要なアイテムです。文面などは各自で工夫してください〉（掲示板の内容を要約）

現場に残された張り紙は、ネットの自殺マニュアルに従っただけなのだ。

本稿執筆中の令和２（２０２０）年5月、人気女子プロレスラー（22歳）の硫化水素自殺が大きく報道された。出演していたテレビ番組の言動をめぐってＳＮＳで誹謗中傷を受けており、それが自殺の原因となったようだ。彼女の自宅の玄関ドアには「硫化水素発生中」と書かれた貼り紙があったという。まさに、ネットのマニュアル通りだ。

これ以上、悲しみの連鎖を続けてはならない。

もしかしたら、読者の中にも切羽詰まった状況になれば、自殺を考えてしまう純粋すぎる方がいるかもしれない。あるいは、ネットの自殺方法をいまだに盲信されている方がいるかもしれない。

そんなみなさんに、ぜひ伝えたいことがある。

約4000体の変死体を見てきた私だから、知り得た事実。

——この世に、苦しまないで、きれいに死ねる自殺などない。

第4章

検視と死因

遺体は、凶器と並ぶ証拠の要《かなめ》だ。特定された遺体の「死因」が、事件解決の手がかりとなったケースは枚挙にいとまがない。

それだけ「死因」は重要な捜査情報となるが、捜査員は物言わぬ遺体から「死因」を聞き出すことはできない。そのため、警察から鑑定委託をされた各大学の法医学教室や監察医（一部の地域）が「死因」を特定するための「解剖」を担っている。

平成25（2013）年4月、国民の高齢化や核家族化にともない増加している孤独死などの「異状死体」（病院以外で亡くなった死体）に対応するため、「死因・身元調査法」（警察等が取り扱う死体の死因又は身元の調査等に関する法律）が施行された。

これによって新たな解剖（新法解剖）が、全国で実施できるようになった。現在、警察業務と密接な関係のある解剖は3系統ある。

○司法解剖

犯罪捜査の一環として、犯罪によることが明らかな死体、または、その疑いのある死体の死因を明らかにするための解剖。裁判官の発付した「鑑定処分許可状」に基づき実施。遺族の承諾は不要。

○新法解剖（調査法解剖）
「死因・身元調査法」による解剖。対象となるのは犯罪性のない死体。司法解剖のような煩雑な司法手続きはなく、警察署長・海上保安部長などが死因を明らかにするために必要があると認めた場合に実施。遺族の承諾は不要。

○行政解剖／承諾解剖
感染症、中毒、災害などで死亡した疑いのある死体や、医師の検案でも死因が判明しない場合に「監察医」が行う解剖。犯罪捜査を目的としていないため、解剖途中で事件性が見つかり司法解剖に切り替えられることも。遺族の承諾は不要。
監察医制度がある4都市（東京23区、名古屋市、大阪市、神戸市）以外の地域では、遺族の承諾を得て行政解剖が行われるため承諾解剖と呼ばれる。低予算のため承諾解剖は全国的に件数が非常に少なく、地域によっては年間0件のケースも。

［警察庁や東京都、大阪市が作成した資料から要約］

これら解剖は、犯罪捜査における最後の砦ともいえるだろう。遺体に医学的なアプローチをすることで、犯罪事実が明らかになり、犯罪の見逃し防止にもつながる。

大阪府警の場合、５大学の法医学教室と監察医（大阪市内の場合）で解剖を実施している。長く鑑識係をやっていた私は、数えきれないほど解剖に立ち会ってきた。あくまでも解剖中の記録や補助が主な仕事であるが、そのなかで解剖医たちのひたむきな姿勢に触れる機会も多かった。

事件29　腐乱死体とＤＮＡ鑑定

８月のある猛暑日。署の管轄内にあるマンションの住民から、相次いで通報が入った。同じマンションでひとり住まいをしている、高齢女性（70代前半）の安否確認をしてほしいという案件だった。

通報者によれば、女性宅のドアポストには新聞やチラシなどが大量にたまっており、数日前から「腐敗臭」の発生源になっているという。ポストにあふれかえる郵便物と腐敗臭のセットは、いわゆる〝変死サイン〟だ。当直班の班長だった私は、通報を受けて変死用エプロンやゴム手袋、キャップ帽、ビニール製の足カバーなどを、ふだんより多めに用意しておく。遺体を包むビニールシートと、担架式の極楽袋（遺体収容袋）も捜査車両に積み込んだ。

署を出発する直前、現場に同行するふたりの若手に変死現場の心がまえを伝える。

「きれいな服を着て行ったらあかんで。腐敗臭は繊維に染み込んで洗濯してもとれんようになる。それだけやない。髪の毛やまつ毛、鼻毛、眉毛、皮膚の毛穴、くちびるに移ったにおいは、風呂に入ってもしばらくはとれんようになるからな」

けっしてオーバーな表現ではない。これが変死現場の実態だ。事実、高度に腐敗した遺体の検視時に着ていた作業服は、それだけを洗濯板で手洗いしていた。洗濯機で洗ってしまうと、洗濯槽に腐敗臭がこびりついてしまうからだ。

現場のマンションに到着。４階で停止したエレベーターのドアが開くと、肉と魚と卵が同時に腐ったようなにおいが鼻腔に忍び寄ってくる。

40代後半の主任（巡査部長）が、首から提げたタオルで汗をぬぐいながらつぶやいた。

「当直で班長とペアになると、いつも仏《ほとけ》さん（遺体）がでる。せやから、班長はうちの署の『おくりびと』やって、みんなが陰で言うてますわ」

「おくりびと」とは、納棺師《のうかんし》をテーマにした平成20（2008）年に公開された邦画のタイトルだ。主任の〝告げ口〟に、私は思わず苦笑してしまった。

「おくりびとか……。みんなにそう言われてもしゃあないな。ほんまに当直のたびに毎回やから。しかも、ほとんどが腐乱で、解剖になる仏さんが多いからな……」

主任がいたずらっぽい表情で続ける。

「部屋の外まで死臭がにおうとるから、どろどろの腐乱死体で間違いありませんな。おい、若い衆。きょうの晩飯は焼肉弁当でも頼んどいてくれや」

それは、若手にとって笑えないジョークだったようだ。ふたりは青ざめた顔で同時に肩をすくめた。

蛆虫の知らせ

先着していた地域課員とマンションの管理会社のスタッフが、部屋の近くで私たちを待っていた。地域課員が敬礼したあと、この部屋に住む高齢女性の近況などを報告する。

「女性はひとり暮らしをしており、約1週間前に『足腰が弱ってきて、買物に行くのもつらい』と妹に電話をかけていたそうです。部屋の固定電話に発信履歴が残っていました。新聞や郵便物がたまりだしたのも、ちょうどそのころからです」

地域課員は近隣住民や関係者などから聞き込みをしており、すでにある程度の情報をつかんでいた。女性は末期の肝臓がんで、余命数カ月と診断されていたという。

「お待たせしました。部屋を開けてください」

私が声をかけると管理会社のスタッフが、緊張した面持ちでマスターキーを玄関のドアに差し込む。私はそこでいったんストップをかけて、その場面を撮影する。この写真は、犯罪に起因する可能性または人命救助における、行政上の即時強制（裁判所の許可を得ずに他人宅に侵入）を担保するための証拠となる。

解錠された玄関のドアは、私が開けることになった。ドアのノブに手をかけ、ゆっくりと手前に引いていく。そして、ドアにわずかな隙間ができた途端、数十匹の蠅が室内から飛び出し、もわっとした熱気とともに強烈な死臭が漏れ出してきた。

私は変死用のフル装備をしていたが、死臭の濃さに思わず足がすくんでしまう。それは本能的に恐怖を感じるにおいだった。萎縮する自分を鼓舞するように、私は両手で死臭をかきわけるようにして強引に室内へ突き進む。

女性の遺体は、流し台の前に横たわっていた。淡いピンクのブラウスに茶系のズボン。遺体の腐敗汁で周辺のフローリングがどす黒く染まっている。念のため、足カバーを二重にしたのは正解だった。

遺体の表面は、腐敗汁と体内の油分が入り混ざってぬめぬめしており、全身にシリコンオイルを塗ったような見た目と感触だった。腹部は腐敗ガスがたまって、はちきれそうなほどにふくれ上がっており、半透明な上皮と真皮の間で蛆虫の大群がうごめいている。遺体の近くでは、様々な大きさの蛆虫や蛹、蠅の死骸が確認できた。

蠅は1日あたり、約500個の卵を産卵する。卵は約1日でふ化し、幼虫の蛆虫はわずか約2週間で成虫の蠅になるため、個体数が爆発的に増え続ける。成虫の寿命は2、3週間ほどと言われており、これらの期間は気温が低ければ長く、気温が高ければ短くなる。

変死現場における蛆虫の発育状況（サイズ）や蛹、蠅の個体数（成虫や死骸）は、死後経過日数を推定する際の重要な目安となる。そのため、現場でカウントしたそれぞれの概数や、フィルムケースに保管した死骸を法医学教室に情報提供している。

海外の事例では、死体を摂食する昆虫の生態から死後の経過日数や死因などを推定する

「法医昆虫学」の研究が、裁判の証拠になるケースもあるという。

腐乱遺体を背負う

現場に到着した府警本部の検視官が、検視をしながら私に話しかけてきた。

「腐敗がかなり進行してるけど、一応、遺族に確認してもらわんとな。遺族なら、本人かどうかぐらいは見わけがつくやろうし」

「たぶん無理でしょう。和ダンスのところにあったアルバムを見たら、生前の本人はやせた体型の人だったようです。しかし、いまは黒鬼の巨人顔ですからね……」

遺体の顔はむくんで大きくなっており、生前の面影は微塵もなかった。

検視官の判断で、女性の遺体は司法解剖にまわされることになった。そのため遺体を法医学教室まで搬送しなければならないが、問題は現場の4階から1階までどうやって遺体を下ろすかである。

管理会社のスタッフによれば、ここのエレベーターはストレッチャーを運ぶ（非常時にかごの奥行を広げる）ことができるタイプだという。私は階段ではなく、エレベーターで遺体を運ぶことにした。

移動方法が決まれば、あとは実行するだけだ。私たちは女性の遺体を極楽袋に移す作業に取りかかったが、これが思いのほかたいへんだった。遺体の腐敗汁で床はぬるぬるしており、ビニール製の足カバーに慣れていない若手は何度も足を滑らせていた。派手に転んだせいで、作業着のズボンが腐敗汁をたっぷりと吸い込んでしまい重そうだ。作業を終えたころには、水色の変死用エプロンがすっかり茶色に染まっていた。

このとき使用した極楽袋は、端に取っ手がついた担架式だった。この袋は、署の強行犯係にたった1枚しかない貴重品だ。使用後はタワシに洗剤をつけて蛆虫や腐敗汁を洗い落とし、クレゾールで消毒して次の変死事件でまた使うことになる。

遺体をエレベーターホールまで運ぶと、管理会社のスタッフにかごの奥行を広げてもらったが、残念ながら遺体を水平に寝かしたままでは、かごの中におさまりきらなかった。やむなく遺体の体勢を少し曲げてみることも検討したが、そうするとガスでふくれ上がった遺体から多量の腐敗汁が絞り出されてくる可能性が高い。そこで遺体を斜めに起こした状態のままで、エレベーターに乗せることにした。

その方法はいたってシンプル。人力だ。

「せーの！」という掛け声で極楽袋を持ち上げると、その下に素早く潜り込む。そして、私が遺体を背負う格好で斜めに受け止めた。

ずしりとした重みを背中に感じる。小柄なおばあさんがこんなに重いとは――。まさにこれが「命の重み」なのだろう。

肩のあたりに腐敗汁が垂れ落ちてきた。気になってしょうがないが、もはやこのままの状態で行くしかない。

私は老女の遺体をおぶったまま、エレベーターを下降させた。

ＤＮＡ鑑定

司法解剖の結果、女性の死因は肝臓がんであることが判明した。とくに外傷もなく、事件性はゼロだった。

残る作業は身元確認だけとなったが、これがすんなりとはいかなかった。

署で待機していた女性の妹に遺体の顔写真を見てもらったが、案の定、黒鬼・巨人顔をしている女性に対して「姉とは言い切れません……」という反応だった。

通常の身元確認であれば、「歯牙鑑定」（生前の歯科受診情報との照合）が有効だが、女性の遺体は高度に腐敗しているためそれができない。そこで最後の手段として「ＤＮＡ鑑定」を実施することになった。

ところが府警本部の科学捜査研究所（科捜研）は、「姉妹のＤＮＡ鑑定には、莫大な費用がかかる」との理由で鑑定を拒否。大学の法医学教室に依頼することを勧められた。しかも、その交渉は所轄でやることになってしまった。

これには困ったが、懇意にしていた私大の法医学教授に相談したところ、ありがたいことに快諾をしてくれた。

あとは費用の問題だ。

科捜研から「莫大な費用がかかる」と言われていたので、かなり高額な鑑定料を提示されるのではないかと身がまえていた。ところがフタを開けてみれば、署の会計課の了承を得られる数万円ほどだった。

鑑定に際して、教授からひとつだけ注文を受ける。女性に妹以外の兄弟がいれば、そちらからもＤＮＡ資料を採取してほしいという。

私は妹から口腔内細胞を提供してもらう際、兄弟についてもたずねたが、過去の金銭トラブルがもとで実兄とは絶縁しており、残念ながら協力は得られなかった。

数日後、法医学教室から鑑定結果が出たという連絡が届いた。さっそく教室を訪ねてみると、女性の准教授からこのような説明があった。

「同性の妹さんのＤＮＡ型だけでは１００パーセントとは言えず、約93パーセントの確率で姉妹という結果です。お兄さんのＤＮＡ型があれば確度はより高くなっていました」

ＤＮＡ鑑定の結果をふまえ、役場の福祉課はマンションの居住者と腐敗遺体が同一人物であると判断し、公費で火葬。保管していた遺品とともに遺骨を妹に引き渡した。

事件30　竹串が証明した刺し傷の謎

戦後の闇市からはじまった鉄道高架下の商店街に、小さな呉服店があった。

その日、店員が出勤すると、店のシャッターがひざの高さほど開いていた。店の中をのぞいてみると明かりは点いていたが、人の気配はない。

いつもなら、店主が店番をしている時刻だ。不審に思った店員はシャッターをくぐり抜けると、店主を呼びながら事務所がある2階へ向かう。

階段を上りかけていた店員の足が、あるものを見てピタリと止まる。

店員の目に飛び込んできたのは、2階の手すりに着物の帯ひもをかけて首を吊っている店主（70代）の変わり果てた姿だった。

店主の胸や腹のあたりは、大量の血痕で真紅に染まっていた——。

裁ちバサミ

店員からの通報を受けた署の地域課経由で、私たち刑事課の当直員に第一報が入ったのは、昼食直後のことだった。

——呉服店で店主の首吊り発生。胸部と腹部に複数の刺し傷あり。

刺し傷のある首吊り遺体は、めずらしいケースだ。店主を刺し殺そうとした被疑者が、自殺を偽装している可能性もある。不自然な遺体の状況に、捜査員たちの緊張が高まる。

現場へ急行すると、周辺は野次馬であふれかえっていた。混乱を避けるため地域課員が規制線を張り巡らせる。私たちは店内に入るとシャッターを閉め切った。

店舗の1階は、売り場スペースなので整然としていた。荒らされたような形跡はどこにも見られない。2階につながる木製の階段を重点的に捜査する。

店主の遺体は、階段の傾斜を滑り落ちるような格好で首を吊っていた。階段のいたるところに血だまりができており、血だらけの裁ちバサミも見つかっている。これは凶器の可能性がある、重要な証拠物だ。

2階の事務所内は、血のにおいが充満していた。この部屋も物色されたようなあとはなかったが、床や畳の上に多数の血痕が見つかっている。

店主はこの部屋で刺されたのだろうか――。

混乱する現場に、ある情報が飛び込んできた。それにより、本件は自殺の線が強くなっていく。先代からつとめている番頭格の店員によれば、店主は経営状態の悪化を悩み、ここ最近は「この店も私の代で終わりや。このままやと、首をくくらなあかんようになる」と弱音を漏らしていたという。念のため、事務所内を隈なく探したが、遺書らしきものは見当たらなかった。

周辺捜査で、店主が大阪市内の心療内科に通院中だったことも判明している。精神疾患の投薬治療を受けていたが、処方された薬はほとんど服用していなかったようだ。

最終的に事件性の有無は、検視官が判断することになる。本件においては現場ではなく、署で検視をする段取りとなったので、私たちは階段で宙吊り状態のままになっている店主の遺体を、署の霊安室へ搬送する準備に取りかかる。

遺体が階段から滑り落ちないように、ひとりが足もとを支え、もうひとりが階段の手すりにかけられていたベージュの帯ひもをハサミで切断する。そして、ひもの切断箇所は必ずセロハンテープでつなぎ合わせておく。ひもの結び目などが重要な捜査情報となるので、可能な限り現状回復をしておくのが捜査の基本だ。

このときも、遺体の頸部に結び目が食い込んだままの状態で、霊安室へ搬送している。

竹串

検視官は午後4時ごろ、警察署に到着。さっそく、霊安室で刑事課の当直班長とともに検視をはじめる。私は写真撮影を担当し、別の当直班員が検視官のサポートをしている。

検視の結果、遺体の胸部と腹部にある複数の刺し傷は、すべて着衣の上から刺されていることが判明した。検視官は刺し傷の大きさや深さをひとつずつ計測していたが、事件の見立ては「自殺の可能性が高いが死因不詳」というもので、最終的な判断は監察医に委ねることになった。

この日の監察医は、法医学教室の教授が担当をしていた。署からの要請を受け、監察医事務所の専用車で来署した教授は、すぐに霊安室で遺体と対面する。そのころ検視官はすでに次の現場へ移動しており、ふたりが顔を合わせることはなかった。

「ご遺体を」

教授がぼそっとささやくように言う。全員で合掌したあと、私が全裸の遺体を覆っていた白い布をめくりあげた。

教授はピンセットでつまんだ小さなガーゼで、創口の血液をひとつひとつていねいに拭っていく。そして、小型のメジャーを遺体にあてがい、創口のサイズを計測する。両手首の内側には、こまかい逡巡創（ためらい傷）も認められた。

教授の所見は、次のようなものだった。

「この遺体は明らかに自殺です。解剖の必要はありません。この署に〝竹串〟はありますか。できるだけ多く用意してください」

霊安室から当直班員が出ていく。そして、ものの2、3分で手に何本かの竹串を持ってもどってきた。

教授が当直班員に指示を出す。

「その竹串を遺体の左胸部や腹部にある刺創（刺し傷）に、ゆっくりと挿し込んでみてください。それで、竹串の先端が突き当たったら、そこで竹串から手を放してそのままにしておいてください」

すべての刺創口に竹串が挿し込まれると、教授の説明がはじまる。

「竹串が一定方向に並んでいるのがわかりますか。逡巡創も同様に一定方向です。この向きは利き手によって変わってきます。仮に他殺であったとすれば、刺す、あるいは斬りつける方向がバラバラになるので、このように竹串が一定にはなりません」

刺創口に挿し込まれた竹串は、たしかに同じ方向を向いている。他殺なら被害者が抵抗するため、ここまできれいにはそろわないだろう。

教授が説明を続ける。

「刺創と逡巡創の状態から判断すれば、この方は右利きであり、自身で胸部と腹部を何度も突き刺したが死にきれず、頸部圧迫の縊死で絶命されたことは明白です」

この教授は、ずさんな検視をすると相手が検視官や捜査第一課長であろうと、立場に関係なくしかりつけることで評判だった。一部の検視官からすれば煙たい存在だったかもしれない。しかし、私たち現場の捜査員にとっては、医学の知識がない者にもわかりやすく解説してくれる、頼りになる存在だった。

当直班長は、教授の見立てと、店主の死亡前の言動や既往症などから、本件を自殺と判断して事件を終結させている。

誤認検視のリスク

本章の最後に、私が現場で覚えた「危機感」をお伝えしようと思う。

この章の冒頭でも触れた新法解剖が導入されたことで、さらなる死因究明や犯罪の見逃し防止が期待されているが、残念ながら現状の体制ではまだまだ不十分といえるだろう。なぜなら、解剖以前の「検視制度」が旧態依然のままだからだ。

平成29（２０１７）年における国内の総死亡数「１３４万５６７人」（厚生労働省の人口動態統計）のうち、警察が取り扱った死体数は全体の約12・３パーセントにあたる

「16万5837体」(警察庁発表)だった。

警察が取り扱う死体とは、病院以外の室内や路上などで発見された異状死体(犯罪死体や変死体など)のことで、これらは警察で「検視」が行われたあと、医師の「検案」および「解剖」によって死因が特定されることになる。

警察庁の資料によれば、同年の異状死体(16万5837体)のうち、解剖されたのは、わずか「2万583体」(解剖率は約12・4パーセント)しかない。

じつに異状死体の9割近くが「事件性なし(解剖なし)」で処理されているのだ。ちなみに、同年度に大阪府警が取り扱った死体(1万2556体)のうち、解剖されたのは「1604体」(解剖率は約12・8パーセント)だった。

この数値の多寡について、ここで論じるつもりはない。諸外国に比べて日本は解剖率が低すぎると批判する向きもあるが、国民性や予算、設備などが複雑にからむ制度を数値だけで単純比較してもあまり意味がないだろう。

それよりも私が危惧しているのは、「検視のリスク」についてだ。

現行制度においては、検視で事件性の有無が判断されてから解剖されることになる。つまり、事件(遺体)の捜査において検視が極めて重要な位置を占めている。

ところが、検視業務は医師ではなく現場の警察官（検視官または検視官が臨場しない現場は所轄の警察官）が担当している。いくら検視官が警察大学校で法医学の教育を受けた警部以上のベテラン捜査員とはいえ、検視（外表の観察）だけで事件性を判断するのは難しいはずだ。

まだ皮膚がやわらかい幼い子どもの腹部などに対する暴行や、前例の少ないめずらしい毒薬物の中毒死など、遺体の外表にほとんど痕跡が残らない殺人は多数ある。それらは解剖以外では判別不能だ。まして所轄の警察官だけで事件性を判断するとなれば、そこには「誤認検視」（犯罪の見逃し）という大きなリスクが潜んでいる。かつての捜査現場には「現場7、死体3」といった死体を軽視する風潮があったのも事実だ。

もっとも、警察としてもこのリスクを放置しているわけではない。少しずつではあるが、改善する動きもみられる。たとえば、平成28（2016）年4月、大阪府警は検視体勢を強化するため全国初の「検視調査課」を新設した。全国的にみても検視官の人数はこの10年で倍増（平成30年で363名）しているが、地域によって人員も臨場率もまだまだばらつきがある。

これらを抜本的に解決するためには、欧米諸国のような捜査機関から独立した「ＭＥ」

（メディカル・イグザミナー）や「コロナー」（検視官）と呼ばれる死因究明の専門職や機関を国内に設立するべきだ。そうすれば、警察官による遺体検視という〝専門外の法医業務〟を減らすことができ、検視の精度や解剖数（率）も向上するはずだ。

このような新組織を立ち上げるためには、縦割り行政の象徴とも揶揄される、現状の解剖制度を一本化する必要がある。このこと自体は10年以上前から一部の有識者やメディアが警鐘を鳴らしてきたが、いまだに制度改正がなされていない。

誤認検視を限りなくゼロに近づけるためにも、新組織の創設は急務といえる。それを後押しするためには、死因や解剖に対する国民の意識改革も必要だろう。

終章

退職の朝

「担当さん」

大阪府警の警察官を拝命した昭和54（1979）年7月以降、在職中のほとんどを刑事畑で過ごした私が、再びその名で呼ばれるようになったのは26年ぶりのことだった。

留置施設を管理する警察官は慣例的に「担当さん」と呼ばれる。留置施設とは、逮捕留置された被疑者および起訴後に勾留された未決拘禁者などを収容し、管理を行う刑事施設のことだ。私は留置管理の業務を二度経験している。

一度目は、大阪東部を管轄する警察署の直轄警ら隊時代に刑事任用試験に合格し、昭和62（1987）年4月に同署の刑事課司法係に転属するまでの一時期。

警察社会では、留置管理部門は捜査部門への登竜門と言われている。理由は被留置者を観察することで犯罪者の「特癖《とくへき》」（警察用語。特徴や癖のこと）を知るためとされ、私も一度目の留置管理は刑事になるためのいわば通過儀礼だった。

二度目は、平成25（2013）年3月からの4年間。大阪府警では、刑事が警部に昇格すると地域課か総務課の課長代理を2年、さらに刑事課の課長代理を2年つとめてから、所轄の刑事課長になるのが通例だった。

私の場合、総務課の課長代理（留置管理）は2年で終わり、通例よりも早く課長職に就くことができた。しかし、それは慣れ親しんだ刑事課ではなく留置管理課の課長だった。冒頭で触れた「26年ぶり」というのは、この二度目のときになる。

留置管理において最大限に警戒すべきは、被留置者の自殺と逃亡だ。安全のため留置室（かつての房《ぼう》）に持ち込める所持品は規則で厳しく制限されている。

ベルトやネクタイ、パーカーのひも、伸縮タオルなどの索状物は一切禁止。金具付きや伸縮性の高い衣類なども持ち込めない。許可されるのは本人が着用するスウェットスーツなどの衣類と短いハンドタオル、ちり紙ぐらいだ。取り調べなどで被留置者が外出からもどった際は、不正な所持品を隠し持っていないか入念な検査をする。

それだけ自殺防止策に万全を期して、昼夜を問わずに監視の目を光らせていても、被留置者が思わぬ方法で自殺をはかることがある。私も未遂事案を2回経験している。

突然の首吊り

家族の差し入れや「宅下げ」（被留置者から衣類や書籍、現金などを面会者が受け取ること）の内容確認、接見室（現在の面会室）での立ち会いなども留置管理の業務となる。

最初の自殺未遂が起きたのは、一度目の留置管理時代。それは平日午後の面会時間のときだった。看守台で差し入れの点検をしていると、突然、ドーンという大きな物音が留置室のほうから聞えてきた。私はあわてて様子を見にいく。当時の署には、成人男性用の2室と少年用、女性用の計4室が配置されていた。

成人男性用の留置室を鉄格子越しにのぞき込んでみると、うつ伏せになって倒れている男の背中が見えた。男は未成年に対する強制わいせつ罪の疑いで逮捕された、現職公務員（40代）だった。

私は相勤者の主任（巡査部長）を、急いで呼びに行った。留置施設内には小さいながらも、金網で囲まれた屋外運動場が併設されている。主任はそこにいた。私たちは男の留置室に引き返して扉を解錠すると室内へ飛び込んだ。

「おい、どうした。なにがあったんや。だいじょうぶか！」

主任が声をかけると、男は言葉にならない返事をしたが、意識ははっきりとしていた。緊急を要する身体的な異状もなさそうだった。

コンクリートの壁面に開けられた小さな高窓を見ると、窓枠にはめられた金網に白くて細長い端切れがぶら下がっている。男は自分が着ていた肌着を引き裂き、それをつなぎ合わせた索状物で首を吊ろうとしていたのだ。しかし、手づくりのひもは、身体の重みに耐えきれず、途中で切れていた。

主任は床に手を突いてうつむいたままの男を立たせると、サンダルを履かせて施設内の診療室へ連れて行った。

当時の私は20代前半の若造（巡査）だったが、主任は男と同年代で妻子もいる。人生経験が豊富で人情味のあふれる人柄なので、男のカウンセリングには適任だった。主任が穏やかな口調でベッドに腰掛けている男に問いかけると、男の目から涙があふれ出した。

じつはわいせつ事件を起こした男は、逮捕時に実名報道をされていた。そのせいで彼の家族は近所から白い目で見られるようになり、妻からは離婚届が突きつけられたという。男が発作的に自殺をはかろうとしたのは、妻との面会直後のことだった。

逮捕留置されるとすべての情報が遮断され、外部の状況がまったくわからなくなる。被留置者は備え付けの新聞を閲覧できるが、係員が事前に検閲して、本人の事件に関係する記事は墨塗りか切り抜くかして、読めなくしてある。それだけに、妻から聞いた家族の話が、男の心に重くのしかかったのだろう。

その後、男の監視を重点的に行ったが、再び自殺をはかろうとすることはなかった。

トイレットペーパー

留置施設の運営を規定する法律が、監獄法から刑事収容施設法（平成18年施行）へと変わったことにともない、留置場の名称も留置施設とあらためられた。人権に配慮した被留置者の処遇と設備の改善をはかるため、むかしは臨機応変に警察署長や留置業務責任者などの采配にまかされていたことも、全国一律の規定が事細かに設けられるようになった。

留置施設の規定を遵守するのは当然のことだが、施設に留置されているのは人間だ。杓子定規な対応だけでは管理しきれない。

だから私は、できるだけ被留置者の気持ちをくみながら業務にあたるようにしていた。たとえば、規則の上では好ましくないが、思い詰めたり、自殺を考えていそうな者には留置室の中に入って話を聞くこともあった。

鉄格子をはさまず、近い目線になれば被留置者も本音を打ち明けやすい。涙を流しながら胸の内をさらけ出してくれた被留置者もいた。

しかし、こうした対応を心がけていても、2回目の自殺未遂は起きてしまった――。

大阪東南部の警察署で、留置管理の課長をしていたときだった。部下が留置室のトイレに入ったまま、なかなか出てこない被留置者がいることに気づいた。その被留置者は、窃盗事件で逮捕された20代後半の男だった。

不審に思った部下は、鉄格子の外から男の名前（留置番号）を呼ぶが、返事はない。緊急事態と判断した部下は、扉の鍵を外して留置室に踏み込む。すると男はトイレのドアの陰に隠れて、索状物のようなものを首に巻きつけていた。

「おい、なにをやっとるんや。やめんか！」

部下の声で、男はその場にへたり込んだ。首に巻きついていた索状物の正体は、備え付けの〝トイレットペーパー〟だった。

男はトイレットペーパーを1メートルほどの長さにちぎり、それを5、6本の束にして輪っか状にしたものを、トイレのドアの上部に引っ掛けて首を吊ろうとしていた。

騒ぎを知った私は、すぐに部下に命じて男を留置室から診療室へと移させた。そこで話を聞こうとしたが、男は黙ったままでなにも答えようとしない。そのため、ほかの課員にも応援を要請して、男を「対面監視」の被留置者に指定した。

対面監視とは、問題を起こすおそれのある被留置者を看守台の正面にある留置室に入れて、24時間かたときも目を離さずに監視することだ。この場合、鉄格子の下部にプライバシー保護のために取り付けられているアクリル製の遮蔽板も撤去する。

過去、留置施設で発生した自殺の道具に、トイレットペーパーが使われたことはある。だがそれは、口と鼻腔に丸めたトイレットペーパーを詰め込んで窒息死したケースだ。備え付けの１ロールをまるごと使うケースはめずらしいと思うが、男性ひとり分の体重を支えられる強度はあるので予断は禁物だった。

男が窃盗事件の被疑者だったことは前述したが、彼は共犯者らに主犯格として名指しされたことで、それまでの否認から完全黙秘に転じていた。

そのため〝トイレットペーパー事件〟を起こしたころには取り調べもなく、また肉親からも見放されていたのか、面会に来る者もいなかった。「自殺は孤立の病である」と指摘する精神科医もいるが、はたしてこの男の場合はどうなのだろうか――。

留置施設における自殺未遂は〝狂言〟の可能性もある。厳しい取り調べから逃れるためや捜査員の同情を引こうとするため。その逆に孤独や退屈が苦痛で、留置室から出たい一心でやる者もいる。

部下が被留置者のペースに飲み込まれてしまわないように監督することも、留置課長の私がはたすべき重要な役割だった。

感音難聴

若いころの無理がたたったのか、留置管理の課長に就任したころから、私は身体のあちこちに不調が現れはじめていた。

そのひとつが難聴だった。警部に昇格したころから自覚症状は出ていた。署内の課長会議で発言内容が聞き取れず、まわりの参加者に聞き直すことがたびたびあった。

決定的だったのは定期健康診断の結果、両耳に「難聴症状あり」と判定されたことだ。これをきっかけに専門医で精密検査を受けたところ、平成26（2014）年8月に「両側性感音難聴」と診断された。この難聴は加齢や病気、騒音などが原因で内耳や聴神経の障害によって起こる。根本的な治療法はなく、現在も私は補聴器で両耳の聴力を補っている。

平成28（2016）年には、大腸に4カ所の悪性腺腫《せんしゅ》が見つかり、切除手術を受けるために入院。大腸がんになる可能性もある腺腫だったが、幸い発見が早く術後は職場に復帰することができた。

しかし、その後も体調はますます悪化していく。悪性の胃潰瘍を発症し、心筋梗塞の前兆である狭心症も頻発するようになった。この1年で体重が20キログラム近くも落ちてしまった。もはや、私の身体は限界に達しており、体力の衰えが隠し切れなくなっていた。

これ以上は職場に迷惑をかけられない。健康状態の改善がみられない私は、平成29（２０１７）年3月に依願退職することを決めた。

退職を相談した上司には、「もう少し、がんばれないか」と何度も引き留められた。噂を聞きつけた同僚や後輩からも「わざわざ辞めることはない」と電話をもらったが、私の決心は揺らぐことがなかった。

私の中では体調のほかにも、大阪府警の通例よりも早く課長になれたとはいえ、不慣れな留置管理課だったことが、しこりのように残っていたのかもしれない。

刑事課にもどりたい気持ちは、たしかにあった。だが、若い刑事たちの捜査手法を見聞きするたびに、いまが世代交代の時期であることを感じずにはいられなかった。

57歳で退職――。3年先の定年を待たずに下した、苦渋の決断だった。

退職の日

午前5時、起床。

刑事時代に染みついた習慣は、最後の日まで変わらなかった。長年連れ添ってきた妻は私よりも早く起きて、朝食の準備をしている。

身支度を終えて、食卓につく。味噌汁から湯気が立っていた。妻とふたりで朝食を食べるのは、これで何度目だろう。息子たちはすでに独立しているが、私は父親らしいことはほとんどできなかった。

捜査が山場になると1週間も自宅に帰らないことがあった。息子たちの授業参観は数えるほどしか行けなかった。たまに早く帰宅しても、家庭で仕事の話は一切しない。そのくせ事件が頭から離れず、家族の話に適当なあいづちを打つときもあった。

きっと、きのうまではそんなすれ違いの日々だったと思う。それでも彼女は警察官の妻として家族を支え続けてくれた。

上司の副署長に退職の意向を告げた日、妻にも自分の気持ちを打ち明けた。最初のうちは驚き、これからの生活のことを気にしていたが、やがて「ぼろぼろになったお父さんの身体のほうが、よっぽど心配やな」と笑い飛ばした。

駅へ向かう時間になった。外はあいにくの空模様だった。冬用のコートを羽織り、雨傘の留め具を外すと、私は「行ってくる」と声をかけて自宅を出る。通い慣れた駅までの道のりは、いつもと同じ朝の光景だった。

午前10時、退職者のセレモニー。

署の講堂に幹部や署員が50人ぐらい集まっていた。同じ日に退職するメンバーが壇上に整列。みんな式典用の礼帽、礼服をまとっている。数日前に府警本部から貸し出された衣装だが、いい記念になる。定年組の先輩たちも晴々とした表情をしていた。

警部の私が退職者を代表してあいさつをすることになった。金の一本線が入った帽子をかぶり直すと、後輩たちに僭越ながら「事実と法的根拠を徹底的に調べることのたいせつさ」を手短に伝えた。来場者から大きな拍手をいただいた。

記念品と花束の贈呈でセレモニーは終了。その後は、各自が職場にもどって日常業務を続けることになる。退職日とはいえ、退職者は本日最後の瞬間まで、警察官としての職務をまっとうするのだ。

留置施設は朝から晩まで人の出入りがある。留置室に収容されている新入りや古参の被留置者に「体調は、どうや。変わったことはないか」と声をかけてまわると、時間はあっという間に過ぎていく。半年前に退職を決意してからきょうまで、警察官人生を振り返る余裕はほとんどなかった。

でも、それでいい。それが所轄の現場であり、目の前のことをひとつずつ、確実に対処していくのが警察官の仕事だ。私はそのことを胸に刻んで、ここまで歩いてきた。

午後5時45分、業務終了。

終業を知らせるチャイムが鳴り響く。後任のために留置課長の机を空っぽにして、雑巾掛けをしておく。引き継ぎ事項はすべて伝達済みだった。

帰りがけに留置管理課の室内をゆっくりと見渡す。私に気づいた部下たちが「おつかれさまでした」と笑顔で声をかけてくれた。私は「新しい課長をよろしくな」とだけ言い残すと、一礼して階下に向かう。

更衣室で制服から背広に着替え、署の正面玄関から外に出る。

今朝は小降りだった雨が、いつの間にか本降りになっていた。

雨傘を開いた私は、退職の辞令や記念品などを入れた紙袋を抱えるように持つと、最寄り駅まで足早に向かった――。

制作協力　津田哲也
帯写真　夏目健司

あとがき

私たちの人生は、いつ最期を迎えるかわかりません。

科学と医療がこれだけ発達した現代社会においても、人の「死」は予測不可能です。今年の春先に感染拡大した「新型コロナウイルス」は、未然に防ぐことができず、世界中で多くの犠牲者を出しました。

事件、事故、自殺、病気、老衰——人はいろいろな形で「死」を迎えるわけですが、誰も証明することができない死後の世界は、まさに未知の領域です。それゆえに、人は「死」に恐怖を覚えるのでしょう。

もちろん、私も「死」は怖いですが、「死」に対して親近感というか、暖かみのようなものも感じています。約38年の警察官人生で、約4000体の変死体を扱ってきた私にとって「死」はごく身近なものだったからです。

現職当時、毎日のように変死体と携わっていた私は、「故人が私の検視を望んでいる」という意識がありましたので、傷つき、腐敗した遺体を自分なりにエンバーミング（遺体の修復）することで、少しでも故人の尊厳を回復できればと思っていました。

本編でも触れましたが、いつしか同僚や後輩から「おくりびと」（納棺師）と呼ばれるようにもなりました。署の霊安室で遺体と向き合いながらひとりで作業をしていると、私の一挙手一投足を故人に見られているような気がしたことが何度もあります。

それはたぶん、「死」によって故人の「肉体」は朽ち果ててしまいますが、心（精神）である「魂」が残された人たちを見守っているからではないでしょうか――。

現職時代に作成した捜査資料は退職時に引継ぎや破棄をしているため、本書は私の記憶と報道などをベースにしています。あえて自分のヒストリー（時系列）でまとめることはせず、印象の強かった事件を分野ごとに構成しました。そのため、時代が前後していたり記憶違いの部分があるかもしれませんが、その点はお許しください。また、事件の被害者や関係者などのプライバシーを保護するため、個人名や事件の発生日時、場所、捜査を担当した警察署名については文中で省略をさせていただきました。

元来、本を読まない私が著書を出版しようと決めたのは、平成30（2018）年にがんや心筋梗塞で三度も命拾いをしたことがきっかけです。そのとき、生きている間に自分の経験を記すことで、少しでも命のたいせつさをお伝えすることができれば、という気持ちになりました。

本書の制作にご協力いただきました関係者のみなさまには、この場を借りて深く御礼申し上げます。

人はいつ死ぬかわかりません。幸いなことに私はまだ生きていますが、やがて終焉《しゅうえん》のときが訪れます。それは避けることができません。

だからこそ、一日も無駄にせず、生きていこうと思います。

――一日一生。

令和2（2020）年8月

著者

村上和郎（むらかみ・かずろう）

元大阪府警察 警部

昭和34（1959）年、大阪府大阪市生まれ。奈良市立一条高等学校卒業。昭和54（1979）年、大阪府警察の巡査を拝命。翌年に配属された枚岡署の警ら課（現・地域課）交番勤務、東直轄警察隊を経て、以後は所轄の豊中署、東成署、西成署、布施署、松原署、富田林署の刑事課捜査員や鑑識係として約27年勤務。平成25（2013）年からは吹田署と八尾署の留置管理課をつとめ、平成29（2017）年に健康上の理由で依願退職。在職期間は約38年。現在は飲食店運営会社に勤務。

鑑識係《かんしきがかり》の祈《いの》り
大阪府警《おおさかふけい》「変死体《へんしたい》」事件簿《じけんぼ》

2020年11月20日　第1版・第1刷 発行

著者　村上和郎
発行者　横浜大輔
発行所　合同会社 若葉文庫
〒160-0022
東京都新宿区新宿1-36-2 新宿第七葉山ビル3階
電話　03-6385-4244
Mail　info@wakaba-books.com

印刷製本　シナノ書籍印刷 株式会社

ISBN978-4-908752-16-2 C0095 / Printed in Japan